DOLL KNIT BOOK

작은 인형을 위한
손뜨개 인형옷 교과서

− 오비츠11 바디를 위한 미니어처 니트 −

Ochibits

라의눈

{ 시작하며 }

이 책에서는 1/12 크기 인형을 위한 미니어처 니트를 뜨는 방법을 소개합니다.
최대한 실 끝의 처리를 줄이거나 이어 붙이기를 없애는 등,
작아서 필요한 소소한 아이디어가 조금이라도 도움이 되길 바랍니다.

게이지에 대하여

손뜨개에서 게이지란 가로세로 10㎝를 뜰 때 필요한 콧수와 단수를 말합니다.
이 책에서 사용하는 실은 12~14번수이고, 사용하는 대바늘은 1.2㎜이므로 거의 비슷한 게이지로 뜰 수 있습니다.
【5㎝×5㎝의 메리야스뜨기 = 대략 32코×46단】

11㎝ 정도의 작은 인형용 니트의 경우, 10㎝×10㎝ 또는 5㎝×5㎝의 게이지 샘플을 뜨기보다는
스웨터의 몸판을 떠 보는 편이 훨씬 쉽습니다.
처음 도전한다면 먼저 '스누드'를 떠 보고 그 크기가 어느 정도인지 살펴보세요.
책에 표시된 크기와 엇비슷하다면, 다른 아이템도 비슷하게 뜰 수 있을 거예요.
만약 내가 뜬 스누드가 너무 크다면, 실이나 대바늘을 가는 것으로 바꾸거나 빡빡하게 떠 보세요.
반대로 너무 작다면 실이나 대바늘을 굵은 것으로 바꾸거나 조금 느슨하게 떠 보세요.

처음에는 실과 대바늘이 가늘어서 다루기 힘들 수 있지만 무슨 일이든 익숙해져야 실력도 향상됩니다.
작품을 최대한 많이 떠서 옷을 입히는 즐거움을 느껴 보세요.

— Ochibits —

CONTENTS

PREPARATION
실과 도구, 대바늘뜨기의 기본 ——— 14

TRAINING
연습용 스누드 ——— 28

LESSON
- A 후드 달린 스누드 ——— 32
- B 폼폼 달린 헬멧 ——— 36
- C 케이프 ——— 42
- D 레그 워머 ——— 46
- E 기본 스웨터 ——— 50
- F 사루엘 팬츠 ——— 58
- G 벌집무늬 스웨터 ——— 62
- H 벌집무늬 원피스 & 롬퍼스 ——— 66
- I 미튼(손모아장갑) ——— 70
- J 페어아일무늬 스퀘어 모자 ——— 72
- K 페어아일무늬 재킷 ——— 76
- L 케이블무늬(꽈배기무늬) 카디건 ——— 80
- M 데님 팬츠 ——— 88
- N 스니커즈 ——— 92

게이지를 대신하는 '연습용 스누드'를 완성했으면, A '후드 달린 스누드'에 도전해 보세요.
스웨터 위에 레이어드하면 후드 티 느낌으로 즐길 수 있어요.

B '헬멧'은 입구 부분과 폼폼의 색을 맞추면 더 귀엽습니다.
H '벌집무늬 원피스 & 롬퍼스'와 찰떡같이 어울려요.

G 벌집무늬 스웨터
털실 12

M 데님 팬츠

N 스니커즈

G '벌집무늬 스웨터'는 교차뜨기의 방향에 주의하세요.
M '데님 팬츠'는 조금 헐렁하게 입히는 것이 포인트입니다.

| 왼쪽 토르소 |
C 케이프 / 털실 21
I 미튼 / 털실 19

| 오른쪽 토르소 |
L 케이블무늬 카디건
털실 17 7

E 기본 스웨터
반팔 / 털실 7 9

L 케이블무늬
카디건
털실 8 7

J 페어아일무늬
스퀘어 모자
털실 9 5 10

M 데님 팬츠

N 스니커즈

J 페어아일무늬 스퀘어 모자
털실 22 19 23

A 후드 달린 스누드 / 털실 7

G 벌집무늬 스웨터 / 털실 7

B 폼폼 달린 헬멧
털실 1 4

K 페어아일무늬 재킷
털실 11 17 15

J 페어아일무늬 스퀘어 모자
털실 9 5 10

E 기본 스웨터 반팔 / 털실 7 9

L 케이블무늬 카디건 / 털실 8 7

M 데님 팬츠 **N** 스니커즈

E '기본 스웨터 반팔'은 바디에 핏되는 디자인이라서
K '재킷'이나 L '카디건' 안에 받쳐 입혀도 좋습니다.

©DOLCHU OBITSUBODY®

B 폼폼 달린 헬멧
털실 19 21

C 케이프 / 털실 21

H 벌집무늬 롬퍼스
털실 21 19

I 미튼 / 털실 19

D 레그 워머
털실 19 21

L 케이블무늬 카디건
털실 14 20

N 스니커즈

T 연습용 스누드
털실 20

E 기본 스웨터 반팔
털실 19 3

F 사루엘 팬츠
털실 20 19

©GOOD SMILE COMPANY ©AZONE INTERNATIONAL

B 폼폼 달린 헬멧
털실 19 20

C 케이프 / 털실 20

H 벌집무늬 원피스
털실 20 19

I 미튼 / 털실 19

D 레그 워머
털실 19 20

N 스니커즈

C '케이프'와 H '벌집무늬 원피스'를 같은 실로 뜨면 멋진 세트가 완성됩니다.
전체 분위기에 맞춰서 흰색 가죽만 사용해 스니커즈도 만들어봤어요.

E '기본 스웨터'는 반팔로도 긴팔로도 만들 수 있고
F '사루엘 팬츠'와 합체해 '점프슈트'로도 응용할 수 있어요.

T 연습용 스누드
털실 ②

K 페어아일무늬 재킷
털실 ㉒ ㉓ ⑲

E + F 점프슈트
털실 ⑦ ⑤ ⑨

N 스니커즈

L 케이블무늬 카디건
털실 ㉕ ⑦

T 연습용 스누드
털실 ㉔

E 기본 스웨터 반팔
털실 ⑤ ⑨

F 사루엘 팬츠
털실 ⑥ ⑤

옷을 레이어드해서 통통한 실루엣을 즐길 수 있다는 것도 미니어처 니트의 매력이에요.
만들수록 실력이 향상되니, 손에 익으면 색상과 무늬를 바꿔서 즐겨 보세요.

©GOOD SMILE COMPANY

PREPARATION & BASIC LESSON

PREPARATION
— 작품을 뜨기 전에 —

- 이 책에서 사용한 실 ———————————— 14
- 도구에 관하여 ———————————————— 15

BASIC LESSON
— 대바늘뜨기의 기본 —

- 실 가르기 ——————————————————— 16
- 손가락에 걸어서 만드는 시작코 ———————— 17
- 겉뜨기 ———————————————————— 18
- 안뜨기 ———————————————————— 19
- 코늘림 ———————————————————— 20
- 코줄임 ———————————————————— 21
- 걸기코, 감아코 ———————————————— 22
- 단춧구멍, 교차뜨기 —————————————— 23
- 덮어씌워 코막음 ———————————————— 24
- 원통뜨기의 덮어씌워 코막음, 마무리 —————— 25
- 여러 가지 뜨개코 ——————————————— 26

TOOLS

이 책에서 사용한 도구와 재료를 소개합니다.
수록한 작품은 모두 지름 1.2mm 굵기의 스테인리스 대바늘을 사용했습니다.

1.
□ 1.2mm 스테인리스 대바늘
(HiyaHiya 6인치 / 약 15cm)
□ 1.2mm 스테인리스 대바늘
(HiyaHiya 4인치 / 약 10cm)
원통뜨기할 때는 최소 4개 필요.
6인치 대바늘만 사용해도 되지만
소매나 장갑을 뜰 때는 짧은 4인치가 편리

2.
□ 레이스 바늘 (No. 10~12)
바늘 끝이 1mm 이하인 코바늘

3.
□ 돗바늘 (No. 18~20)
돗바늘 세트 중에서 가장 가는 바늘 사용

4.
□ 가위
미세한 작업에 적합한 소형 가위

5.
□ 겸자
소매나 데님 밑단을 뒤집을 때 사용

6.
□ 마커
쉼코나 교차뜨기에 사용.
안전핀으로 대체도 가능

7.
□ 안전핀
콧수가 많은 경우의 표시용.
대바늘에 끼워서 사용

8.
□ 자
길이 15cm 정도가 편리

9.
□ 핀셋
단추를 달거나 실을 묶을 때
있으면 편리

□ 의류용 중성세제
뜨개 마무리에 사용.
유연제가 함유된 제품 추천

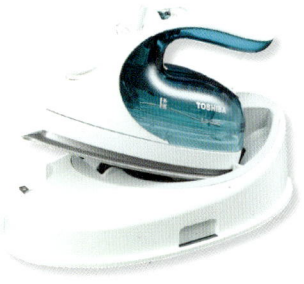
□ 스팀다리미
마무리할 때 스팀을 쐬어 뜨개코 정리

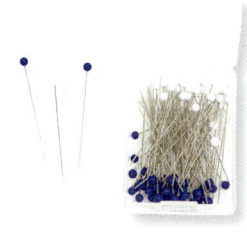
□ 시침핀
다림질할 때 니트 모양 고정

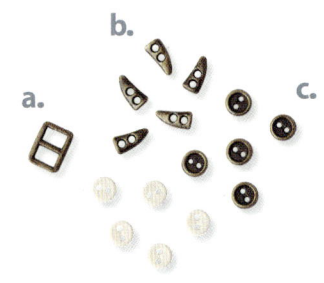

a. □ 인형용 미니 버클
안지름 3~4mm 크기, 데님 팬츠의 벨트에 사용

b. □ 인형용 토글 단추
약 7×3mm, 단춧구멍 2개짜리인 뿔 모양 단추

c. □ 인형용 4mm 단추
지름 약 4mm의 플라스틱 단추

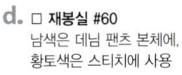

d. □ 재봉실 #60
남색은 데님 팬츠 본체에,
황토색은 스티치에 사용

e. □ 손바느질용 실 #50
빨간색은 단추 달 때,
흰색은 스니커즈에 스티치할 때 사용

f. □ 왁스 헴프사(마실)
가죽공예용의 튼튼한 실로
스니커즈의 끈으로 사용

□ 클립
실을 가를 때 사용.
털실 타래가 굴러서 실이
많이 풀리지 않도록 조정

□ 공예칼 (아트 나이프)
스니커즈 제작에 사용.
재단할 때 외에도 금속부분의
요철을 이용해 가죽에
자국을 내는 데도 유용

□ 올 풀림 방지액
데님 팬츠에 사용.
재단 후 가장자리에
발라서 올 풀림 방지

□ 패브릭용 접착제
스니커즈의 가죽을
붙일 때 사용

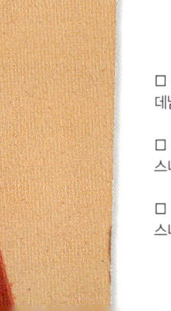

□ 두께 0.6mm 가죽
데님 팬츠의 벨트용 (카멜)

□ 두께 0.5~0.6mm 가죽
스니커즈의 본체용 (흰색, 빨강)

□ 두께 1mm 가죽
스니커즈의 밑창용 (흰색)

BASIC LESSON

실 가르기

미니어처 니트에 적합한 가는 실이 없거나 사용하고 싶은 실이 조금 두껍다면, 실을 갈라서 사용할 수 있어요.
다음은 '2PLY(2합연사)'를 가르는 방법입니다. 3PLY는 3가닥, 4PLY는 4가닥으로 가를 수 있으므로 필요한 양도 3배, 4배로 늘어납니다.

1. 작업하기 쉽게 털실을 소분한다. 먼저 털실을 손가락 끝에 돌돌 감아 어느 정도 양이 되면 손가락을 빼내고 둥글게 감는다.

2. 필요한 분량(각 페이지의 그램 수)×2배가 넘으면 조금 여유를 두고 실을 자른다(2가닥으로 가르기 때문에 감는 양은 2배가 필요하다).

3. 종이대롱을 준비하고 표면이 매끄럽지 않다면 마스킹테이프를 감아 놓는다. 합연사를 한 가닥씩 양쪽 끝에 고정하고 대롱을 돌려서 감는다.

5. 끝까지 감았으면 종이대롱에서 각각 실을 뽑아서 다른 종이대롱으로 옮긴다.

6. 실을 나눈 후에는 끊어지기 쉬우므로 실을 꼬면서 뜬다.

4. 실이 심하게 꼬이면 감기를 중단하고 실타래 끝을 클립으로 고정한 후 바로 아래로 내려뜨려서 실타래를 회전시켜 꼬임을 푼다.

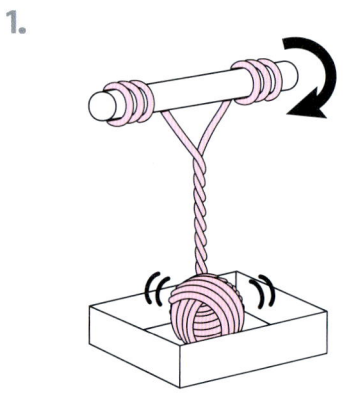

1. 실타래가 굴러가지 않게 상자 등에 넣어 놓는다.

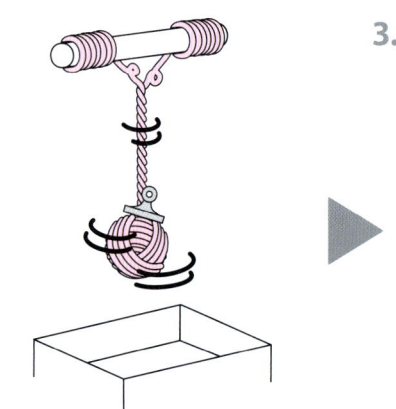

2. 실타래를 클립으로 고정해 공중에 띄우면 저절로 회전하면서 꼬임이 풀린다.

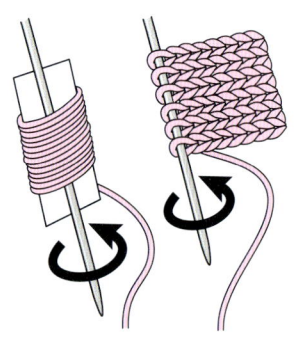

3. 뜨개질 도중에 실이 풀리면 감은 실 또는 뜨개바늘을 시계 반대 방향으로 돌려서 꼬인 방향을 되돌린다.

BASIC LESSON

손가락에 걸어서 만드는 시작코

이 책에 나오는 미니어처 니트는 손가락에 걸어서 만드는 '시작코'로 시작합니다.
만들고 싶은 아이템의 도안을 보고 '1단'의 콧수만큼 '시작코'를 만드세요.

실의 끝에서 필요한 너비(치수 도안에 표시된 '시작코'의 길이)의 세 배 정도 되는 길이에 원을 만든다.

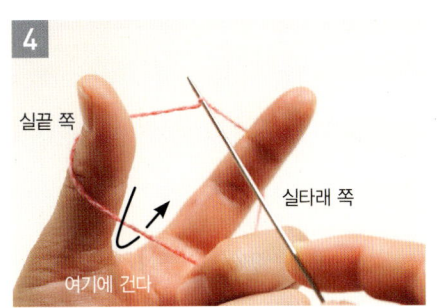

실끝 쪽의 실은 엄지, 실타래 쪽의 실은 검지에 걸고→ 나머지 손가락으로 실끝을 잡는다.

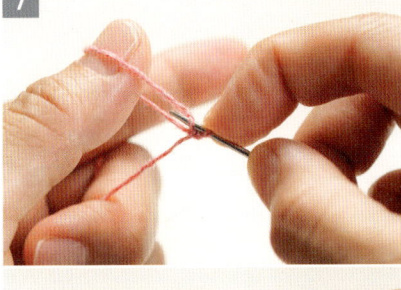

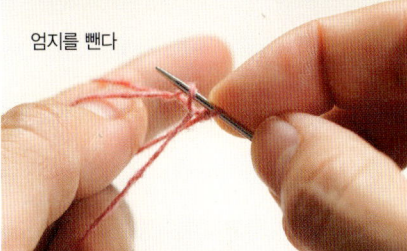

엄지를 뺀다

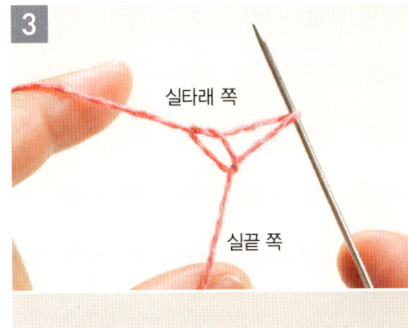

사진처럼 원에서 실끝 쪽의 실을 빼낸다.

앞쪽에서 엄지 앞쪽의 실을 대바늘에 건다.

엄지를 다시 걸며 실을 조인다

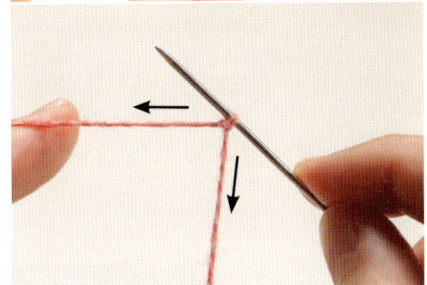

빼낸 실에 대바늘을 끼우고 실을 잡아당겨서→ 조인다. 이것이 첫 번째 코가 된다.

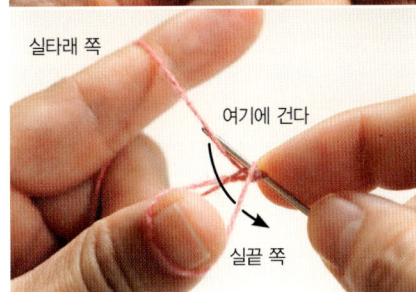

5의 실을 건 상태에서→ 검지의 실을 걸고

그것을 엄지에 건 실 사이로 통과시켜서→ 실을 조인다. 이것이 두 번째 코가 된다.

4~7을 반복해서 필요한 콧수를 만든다. 뜨개 도안의 첫 번째 단 완성.

BASIC LESSON

---- 겉뜨기(겉뜨기코) ----

대바늘뜨기는 기본적으로 '겉뜨기'와 '인뜨기'로 이루어집니다.
먼저 이 두 가지 방법을 잘 배워서 뜨개 도안대로 떠 보겠습니다.

---- 겉뜨기코 ----

겉뜨기코

사슬 모양의 실이 세로로 이어져 있는 것처럼 보이는 뜨개코가 겉뜨기코입니다.

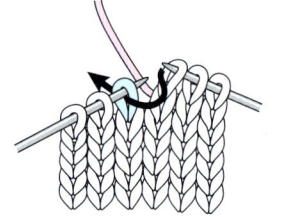

오른쪽 대바늘을 다음 코의 겉쪽에서 끼워 넣는다

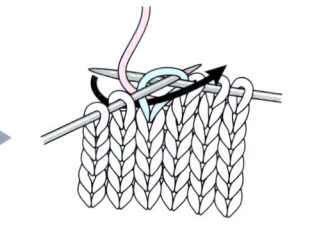

실을 오른쪽 대바늘에 걸고 앞쪽으로 빼낸다

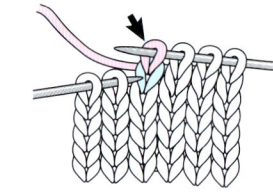

오른쪽 대바늘을 빼내면 '겉뜨기코' 완성

---- '두 번째 단'의 겉뜨기 ----

뜨개 도안의 첫 번째 단은 시작코입니다. 두 번째 단(안쪽에서 뜨는 단)의 첫 번째 코가
겉뜨기코(뜨개 도안 －)인 경우에는 다음과 같이 뜨기 시작합니다.

1

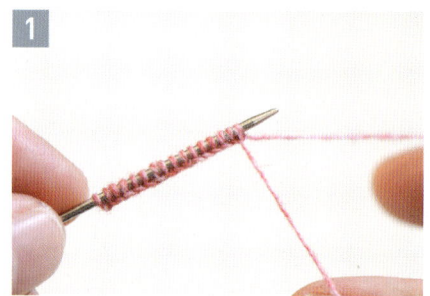

실타래 쪽의 실이 뒤쪽으로 가게 왼손 검지에 걸치고 오른쪽 대바늘을 첫 번째 코의 겉쪽에서 끼워 넣는다.

2

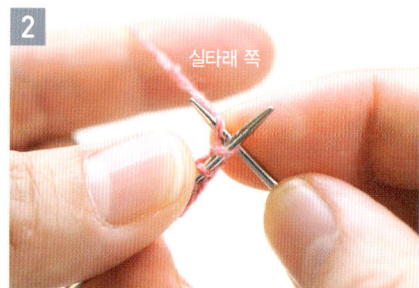

실타래 쪽의 실을 오른쪽 대바늘에 걸고 그 상태로 앞쪽으로 빼낸다.

3

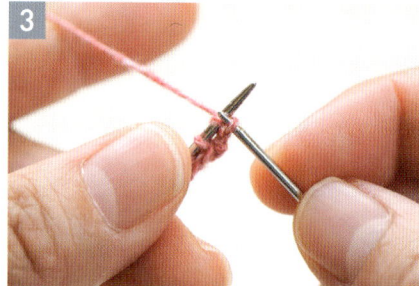

왼쪽 대바늘에서 첫 번째 코를 빼면 겉뜨기코 완성.

---- 돌려 겉뜨기 ----

돌려뜨기(겉뜨기)

'겉뜨기코'의 밑부분을 돌려서(꼬아서) 뜨는 기법을 '돌려 겉뜨기'라고 말합니다.

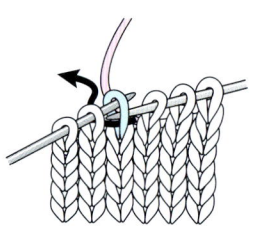

다음 코에 오른쪽 대바늘을 화살표처럼 끼워 넣고 실을 꼰다

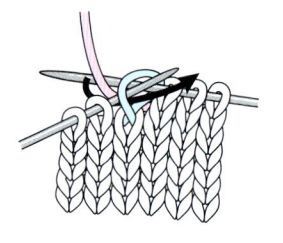

실을 오른쪽 대바늘에 걸어서 앞쪽으로 빼낸다

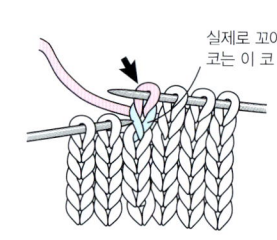

실제로 꼬이는 코는 이 코

오른쪽 대바늘을 빼면 아랫단 코가 꼬인다. '돌려 겉뜨기' 완성

BASIC LESSON

안뜨기(안뜨기코)

겉뜨기와 안뜨기는 보는 방향에 따라 달라집니다. 겉뜨기의 안쪽은 안뜨기, 안뜨기의 반대쪽은 겉뜨기입니다.
뜨개 도안의 방향이 '왼쪽→오른쪽'일 때는 표시된 기호와 반대되는 뜨개코로 뜨세요.

안뜨기코

안뜨기코

가로 물결 모양의 뜨개 코가 위아래로 번갈아 가며 이어진 뜨개코를 '안뜨기코'라고 합니다.

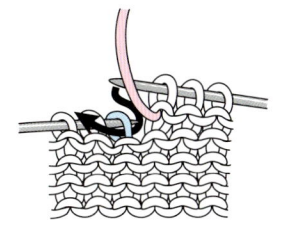

오른쪽 대바늘을 다음 코의 안쪽에서 끼워 넣는다

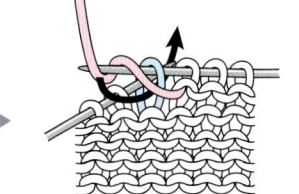

실을 오른쪽 대바늘에 걸고 뒤쪽으로 빼낸다

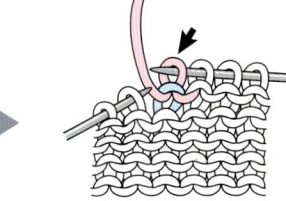

왼쪽 대바늘을 빼면 '안뜨기코' 완성

'두 번째 단'의 안뜨기

첫 번째 단의 시작코를 뒤집어서 두 번째 단(안쪽에서 뜨는 단)의 첫 번째 코가 '안뜨기코(뜨개 도안 ┃)'인 경우에는 다음과 같이 뜨기 시작합니다.

1

실타래 쪽의 실이 앞쪽으로 오게 왼손 엄지에 걸치고 오른쪽 대바늘을 첫 번째 코의 안쪽에서 끼워 넣는다.

2

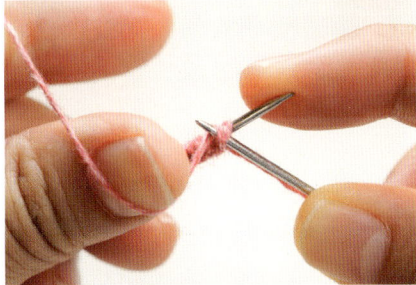

실타래 쪽의 실을 오른쪽 대바늘에 걸고 그 상태로 뒤쪽으로 빼낸다.

3

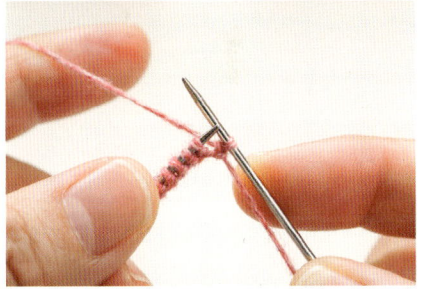

왼쪽 대바늘에서 첫 번째 코를 빼면 안뜨기코 완성.

돌려 안뜨기

돌려뜨기(안뜨기)

'안뜨기코'의 밑부분을 돌려서(꼬아서) 뜨는 기법을 '돌려 안뜨기'라고 합니다.

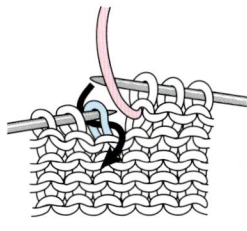

다음 코에 오른쪽 대바늘을 화살표처럼 끼워 넣고 실을 꼰다

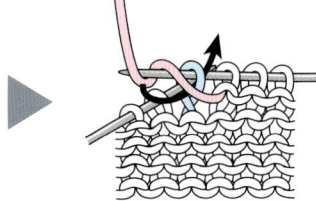

실을 오른쪽 대바늘에 걸어서 뒤쪽으로 빼낸다

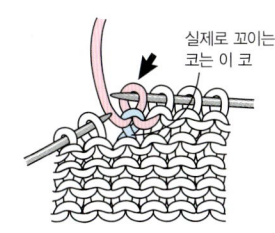

실제로 꼬이는 코는 이 코

오른쪽 대바늘을 빼면 아랫단 코가 꼬인다. '돌려 안뜨기' 완성

BASIC LESSON

코늘림

코를 늘려 너비를 넓히는 기법입니다. 소매나 이깨의 요그를 넓힐 때도 사용합니다.
실을 오른쪽으로 빼내는 '오른코 늘림'과 실을 왼쪽으로 빼내는 '왼코 늘림'이 있습니다.

오른코 늘림(겉뜨기)

겉뜨기의 오른쪽에 1코를 늘리는 방법입니다.

1.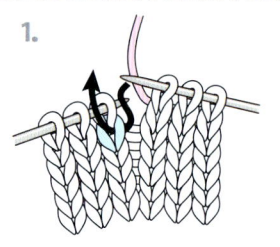
'코늘림' 기호의 앞쪽 코를 뜨고 나면 오른쪽 대바늘로 다음 코의 아랫단 코를 줍는다.

2.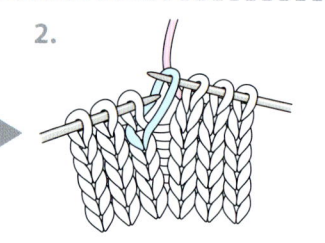
코를 떠 올려서 실이 오른손 앞에 오게 왼쪽 대바늘에 건다.

3.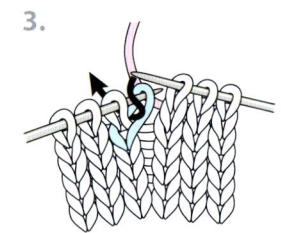
그 코에 오른쪽 대바늘을 끼워 넣어서

4.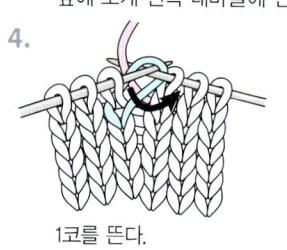
1코를 뜬다.

5.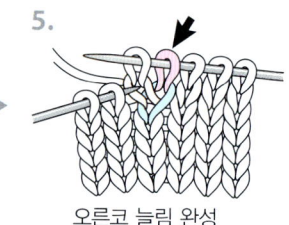
오른코 늘림 완성

오른코 늘림(안뜨기)

안뜨기의 오른쪽에 1코를 늘리는 방법입니다.

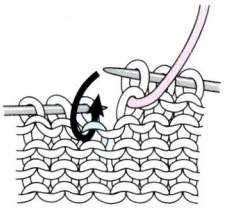
'코늘림' 기호의 앞쪽 코를 뜨고 나면 오른쪽 대바늘로 다음 코의 아랫단 코를 줍는다.

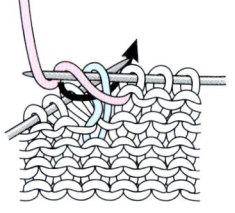
코를 떠 올려서 실이 왼손 앞에 오게 왼쪽 대바늘에 걸고 1코를 뜬다.

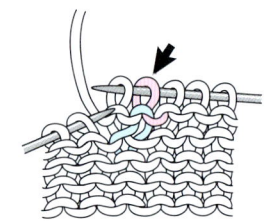
오른코 늘림 완성

왼코 늘림(겉뜨기)

겉뜨기의 왼쪽에 1코를 늘리는 방법입니다.

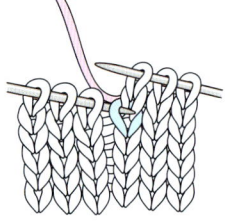
'코늘림' 기호의 코를 뜨고 나면 왼쪽 대바늘로 1단 아래쪽의 코를 줍는다.

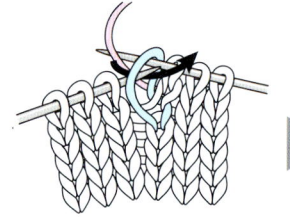
코를 떠 올려서 1코를 뜬다.

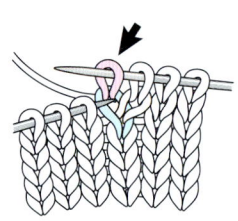
왼코 늘림 완성

왼코 늘림(안뜨기)

안뜨기의 왼쪽에 1코를 늘리는 방법입니다.

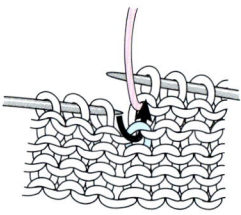
'코늘림' 기호의 코를 뜨고 나면 왼쪽 대바늘로 1단 아래쪽의 코를 줍는다.

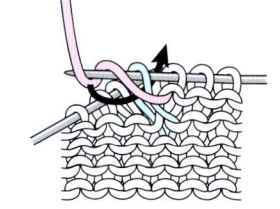
코를 떠 올려서 1코를 뜬다.

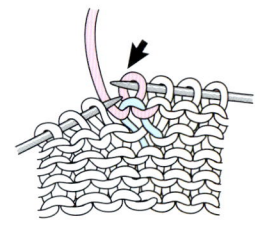
왼코 늘림 완성

BASIC LESSON

코줄임

코를 줄여서 너비를 좁히기 위해, 서로 이웃하는 2코를 한 번에 뜨는 '2코 모아뜨기' 방법을 소개합니다.
오른쪽 코를 위에 겹치는 '오른코 겹쳐 2코 모아뜨기'와 왼쪽 코를 위에 겹치는 '왼코 겹쳐 2코 모아뜨기'가 있습니다.

오른코 겹쳐 2코 모아뜨기(겉뜨기)

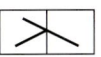

오른쪽 코를 위에 겹치는 2코 모아 겉뜨기 방법입니다.

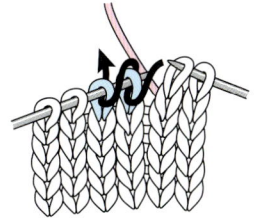

'2코 모아뜨기' 기호의 2코를 뜨지 않고, 화살표 방향대로 오른쪽 대바늘에 옮긴다.

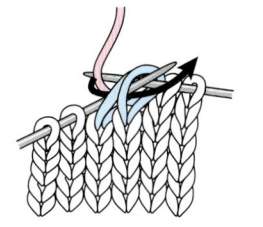

옮긴 2코에 왼쪽 대바늘을 끼워 넣고 2코를 한꺼번에 겉뜨기한다.

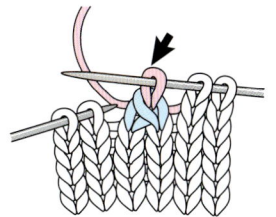

오른코 겹쳐 2코 모아 겉뜨기 완성

오른코 겹쳐 2코 모아뜨기(안뜨기)

오른쪽 코를 위에 겹치는 2코 모아 안뜨기 방법입니다.

1.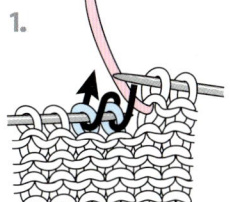

'2코 모아뜨기' 기호의 2코를 뜨지 않고, 화살표 방향대로 오른쪽 대바늘에 옮긴다.

2.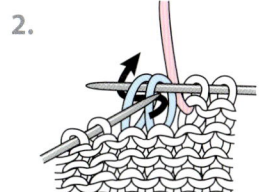

오른쪽 코가 앞쪽에서 꼬이듯이, 화살표 방향대로 왼쪽 대바늘에 되돌린다.

3.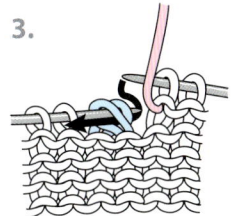

오른쪽 대바늘을 이 2코에 한 번에 끼워 넣는다.

4.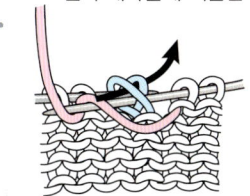

오른쪽 코를 앞쪽으로 한 상태에서 2코를 한꺼번에 안뜨기 1코를 뜬다.

5.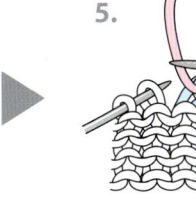

오른코 겹쳐 2코 모아 안뜨기 완성

왼코 겹쳐 2코 모아뜨기(겉뜨기)

왼쪽 코를 위에 겹치는 2코 모아 겉뜨기 방법입니다.

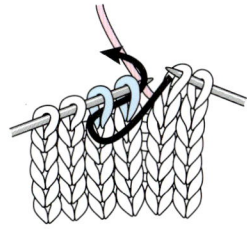

'2코 모아뜨기' 기호의 2코에 화살표 순서대로 오른쪽 대바늘을 끼워 넣는다.

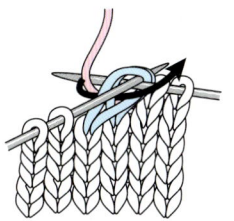

2코를 한꺼번에 겉뜨기 1코를 뜬다.

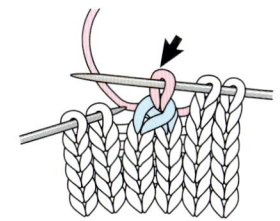

왼코 겹쳐 2코 모아 겉뜨기 완성.

왼코 겹쳐 2코 모아뜨기(안뜨기)

왼쪽 코를 위에 겹치는 2코 모아 안뜨기 방법입니다.

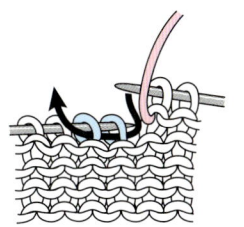

'2코 모아뜨기' 기호의 2코에 화살표 순서대로 오른쪽 대바늘을 끼워 넣는다.

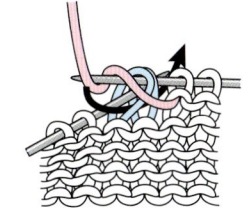

2코를 한꺼번에 안뜨기 1코를 뜬다.

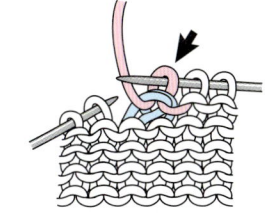

왼코 겹쳐 2코 모아 안뜨기 완성.

BASIC LESSON

'걸기코'와 '감아코'

'코늘림' 외에도 뜨개코를 늘리는 방법이 여러 가지 있는데 여기서는 '걸기코'와 '감아코'를 소개합니다. 실을 걸어서 코를 늘리는 '걸기코'는 1코의 공간을 비우는 것이 포인트. 실을 감아서 코를 늘리는 '감아코'는 2코 이상 늘릴 수 있어서 소매 옆선 등에서 거싯(gusset, 덧대는 부분)을 늘릴 때 사용합니다.

걸기코

걸기코

실을 걸어서 1코를 늘리는 방법입니다.

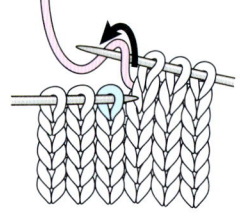

'걸기코' 기호의 위치에서 실을 앞쪽에서 뒤쪽으로 건다.

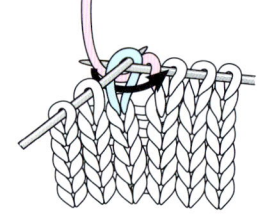

건 실로 다음 코를 뜬다.

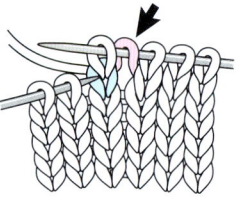

'걸기코' 완성

감아코

감아코

실을 둘러 감아서 코를 늘리는 방법입니다.

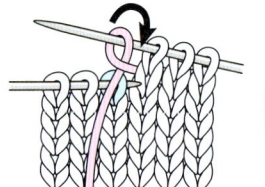

'감아코' 기호의 위치에서 그림과 같이 실을 둘러 감는다.

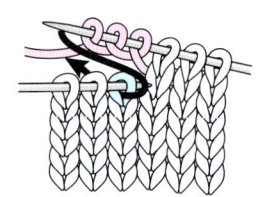

뜨개 도안의 콧수만큼 감는다.

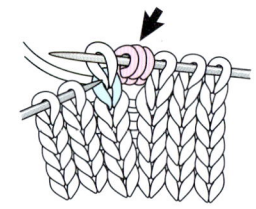

'감아코' 완성

1

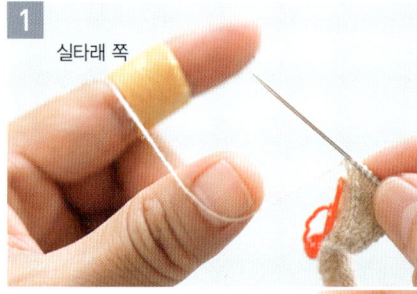

사진과 같이 실을 왼손에 걸고 오른쪽 대바늘을 위에서 갖다 댄다.

2

오른쪽 대바늘 끝에서 실을 감아 시계 방향으로 꼰 후 실을 둘러 감는다.

3

실을 빼면 '감아코' 1코 완성. 이 과정을 반복해서 필요한 콧수를 감는다(사진은 3코).

BASIC LESSON

단춧구멍(버튼홀)

'오른코 겹쳐 2코 모아뜨기'와 '걸기코'를 조합해서 '단춧구멍' 만드는 방법을 소개합니다.
이 책에서 소개하는 단추는 지름 3~4㎜ 크기이므로 단춧구멍도 작은 1코 분량이면 충분합니다.

오른코 겹쳐 2코 모아뜨기+걸기코			
 '오른코 겹쳐 2코 모아뜨기'로 1코를 줄인 후 '걸기코'로 1코를 늘려서 1코 크기의 구멍을 냅니다.	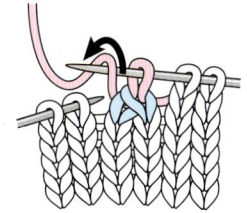 '오른코 겹쳐 2코 모아뜨기'를 하고 실을 앞쪽에서 뒤쪽으로 건다.	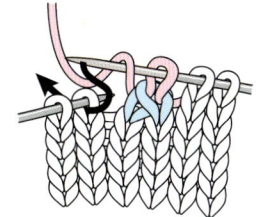 건 실로 다음 코를 뜬다.	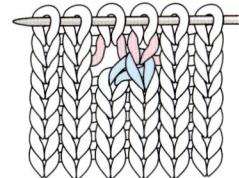 단춧구멍 완성. 다음 단도 콧수가 달라지지 않는다.

교차뜨기

'교차뜨기'는 코를 마커에 끼우고 뜨는 순서를 바꿔서 뜨개코를 사선으로 교차시키는 방법입니다.
'1코 교차뜨기'는 1코만큼 이동하고 '2코 교차뜨기'는 2코만큼 이동합니다. 이 과정을 반복하면 벌집무늬와 케이블무늬가 됩니다.

오른코 위 1코 교차뜨기			
 왼쪽의 1코 위를 오른쪽의 1코가 교차하는 방법입니다.	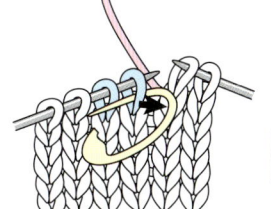 '오른코 위 1코 교차뜨기' 기호의 2코 중 오른쪽의 1코를 마커에 옮긴다.	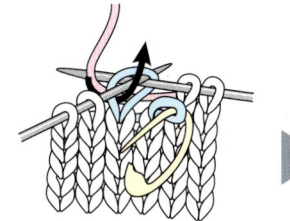 마커는 뜨개바늘의 앞쪽에서 쉬게 하고 왼쪽의 1코를 뜬다.	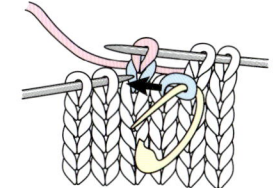 쉬게 한 코를 왼쪽 대바늘에 되돌린다.

오른코 위 2코 교차뜨기			
 왼쪽의 2코 위를 오른쪽의 2코가 교차하는 방법입니다.	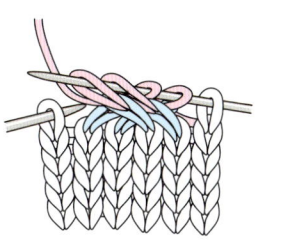	되돌린 코를 뜬다.	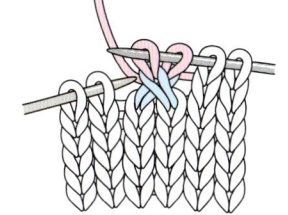 '오른코 위 1코 교차뜨기' 완성

왼코 위 1코 교차뜨기			
 오른쪽의 1코 위를 왼쪽의 1코가 교차하는 방법입니다.	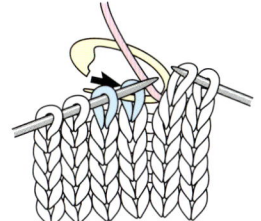 '왼코 위 1코 교차뜨기' 기호의 2코 중 오른쪽의 1코를 마커에 옮긴다.	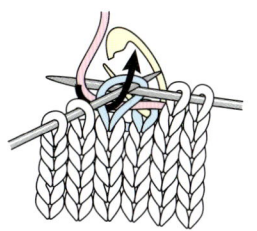 마커는 뜨개바늘의 뒤쪽에서 쉬게 하고 왼쪽의 1코를 뜬다.	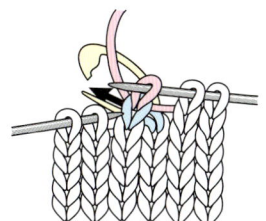 쉬게 한 코를 왼쪽 대바늘에 되돌린다.

왼코 위 2코 교차뜨기			
 오른쪽의 2코 위를 왼쪽의 2코가 교차하는 방법입니다.	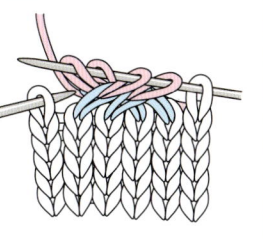	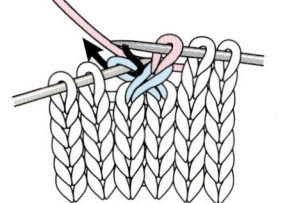 되돌린 코를 뜬다.	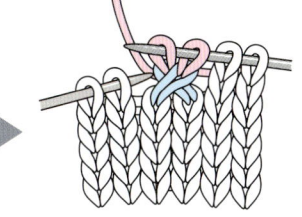 '왼코 위 1코 교차뜨기' 완성

BASIC LESSON

덮어씌워 코막음

뜨개 끝부분을 '덮어씌워 코막음'하는 방법을 소개합니다.
사진은 겉뜨기인데 안뜨기(P.68)나 돌려뜨기(P.38, P.53)로 덮어씌울 수도 있습니다.

처음 2코를 뜬 후 왼쪽 대바늘을 첫 번째 코에 끼워 넣고

첫 번째 코의 실을 두 번째 코에 덮어씌운다(덮어씌우기).

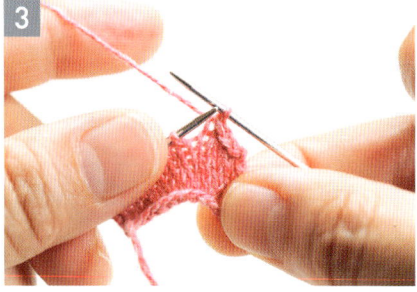

다음 코(세 번째 코)를 뜨고 나면 앞 코의 실을 덮어씌우고 1 2 를 반복한다.

마지막 코까지 덮어씌운 후 실을 15㎝ 정도 남기고 자른다.

마지막 코를 코바늘에 옮기고 남은 실을 걸어서 뺀다.

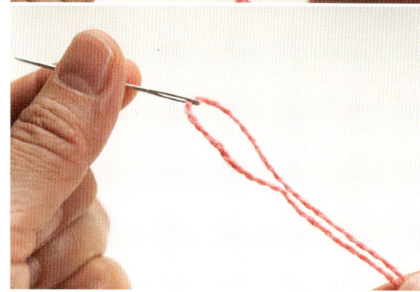

오른손 검지로 실을 팽팽하게 당긴 다음, 돗바늘의 바늘구멍에 대고 좌우로 훑으며 실을 빼내서 끼운다.

뜨개코의 가장자리 등 겉에서 드러나지 않는 부분에 돗바늘을 넣어서 실을 통과시킨다.

실이 풀어지지 않을 정도로 통과시킨 후 실을 자른다.

BASIC LESSON

원통뜨기의 덮어씌워 코막음

원통뜨기의 코막음은 첫 번째 코와 마지막 코를 연결해서 마무리합니다.

마지막 코
첫 번째 코

마지막 코까지 '덮어씌워 코막음'하고, 실을 15cm 정도 남기고 자른다. 실을 돗바늘에 끼워 처음과 마지막의 덮어씌운 코에 통과시켜서 실을 잡아당긴다.

실을 안쪽으로 빼서 겉에서 드러나지 않게 꿰맨 후 자른다.

마무리

뜨개 작품에 잠깐의 수고를 더하면 훨씬 더 예쁘게 완성됩니다. 실의 종류에 따라 세탁이나 고온의 다림질이 적합하지 않을 수도 있으니, 라벨이나 판매처 정보를 꼭 확인하세요.

마무리 세탁
이 책에서 사용하는 실처럼 실을 짤 때 기름을 사용하는 종류는 세제 등으로 기름을 빼야 합니다.

세탁이 필요한 실이라면, 의류용 중성세제(유연제 함유)를 푼 미지근한 물에 10분 정도 담가둔 후 살살 비벼 가며 뺀다(박박 비벼 빨면 안 된다).

미지근한 물로 충분히 헹군 다음, 손으로 눌러 물기를 짜고(절대 비틀어 짜면 안 된다), 마른 수건 사이에 끼워 여분의 물기를 제거한다. 어느 정도 수분이 빠지면 다림질한다.

다림질
마지막으로 다림질하면 뜨개코 모양이 잡혀서 아름답게 완성됩니다. 스팀다리미 또는 '건식 다리미+젖은 수건'으로 모양을 정돈합니다.

다림판 위에 니트를 올려놓고, 다림질 가능한 시침핀을 사용해 대충 완성 크기가 되도록 고정한다. (다림질 온도는 실의 라벨 참고)

다림질이 끝나면 젖은 수건을 벗기고 조금 식힌다. 수건과 니트가 뜨거워진 상태이므로 화상에 주의하자!

니트 위에 가볍게 짠 젖은 수건을 덮고 살짝 띄우듯이 다리미를 댄다. 한 군데당 3~5초 정도 다림질하는데, 치이익~ 하는 소리가 나는 정도가 좋다.

만질 수 있는 정도로 식으면 시침핀을 빼서 모양을 잡는다. 스웨터의 소매처럼 폭이 좁은 부분은 비슷한 굵기의 펜을 끼워 모양을 잡으면 좋다.

통풍이 잘되는 곳에서 마른 수건 위에 올려놓고 완전히 말리면 미니어처 니트 완성.

BASIC LESSON

여러 가지 뜨개코

겉뜨기, 안뜨기, 돌려뜨기, 교차뜨기를 조합하면 다양한 무늬와 형태의 뜨개 바탕이 완성됩니다.
뜨개 도안과 완성된 모습을 확인해보세요.

메리야스뜨기

도안에서 겉쪽에 겉뜨기코가 늘어선 것이 메리야스뜨기입니다. 'I' 기호를 생략하고 흰색 칸만 있는 경우도 있습니다. 겉쪽에서 뜨는 단은 겉뜨기, 뒤집어서 안쪽에서 뜨는 단은 안뜨기합니다. 겉면은 사슬 모양의 코가 늘어서면서 평평하게 완성되는데 가장자리가 둥글게 말리기 쉽다는 특징이 있습니다.

돌려 1코 고무뜨기

도안에서 돌려뜨기한 겉뜨기코와 안뜨기코가 줄줄이 늘어선 것이 돌려 1코 고무뜨기입니다. 고무뜨기란 겉뜨기와 안뜨기를 번갈아 하는 것인데, 그 겉뜨기를 돌려뜨기하면 짜임이 더욱 뚜렷하게 표현되므로 작은 인형용 니트의 소매나 밑단에 사용합니다.

멍석뜨기

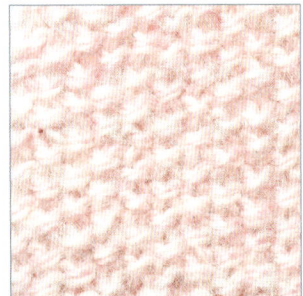

겉뜨기와 안뜨기를 번갈아 뜨는데, 단마다(또는 2단마다) 겉뜨기코와 안뜨기코를 엇갈리게 뜨는 방식입니다. 이 책에서는 케이프의 칼라나 헬멧 등에서 1코×1단과 1코×2단의 멍석뜨기를 했습니다. 겉쪽과 안쪽 모두 옴폭옴폭하게 팬 듯한 입체적인 모양으로 완성됩니다.

가터뜨기

 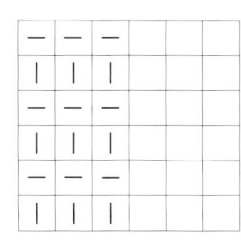

도안에서 겉뜨기 단과 안뜨기 단이 교차하는 것이 가터뜨기입니다(왼쪽 3줄). 겉쪽에서 뜨는 단과 안쪽에서 뜨는 단 모두 겉뜨기합니다. 두께 있는 물결 모양으로 완성되며 가장자리가 잘 말리지 않고 고무뜨기처럼 보여서, 스웨터의 양쪽 끝이나 앞여밈 단에도 사용합니다.

벌집뜨기

 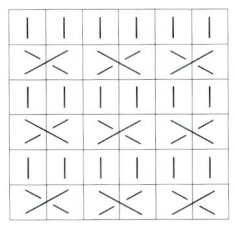

오른코 위 1코 교차뜨기와 왼코 위 1코 교차뜨기를 반복한 다음, 1단을 뜨고, 다음 단에서 반대 방향의 1코 교차뜨기를 하면 이름 그대로 벌집 같은 모양이 나타납니다. 교차하는 방향을 혼동하기 쉬우므로 주의가 필요합니다. 이 책의 스웨터, 원피스, 롬퍼스 작품에 등장합니다.

구슬뜨기

 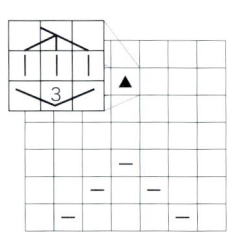

뜨개 도안에서 기호 '▲' 위치에 '겉뜨기 3코 늘리기'를 하는 방법인 구슬뜨기는 볼록 튀어나온 모양으로 작품에 액센트 효과를 줍니다. 늘려 뜨는 콧수와 단수를 바꾸면 다양한 크기의 구슬뜨기를 응용할 수 있습니다. 이 책에서는 '케이프'의 무늬로 등장합니다.

TRAINING & LESSON

E + F 점프슈트 / 털실 13 11 9

SNOOD

Training | 연습용 스누드

사용 실

| YELLOW |
AVRIL '캐시미어 (2/26)'
2 옐로 : 1g

| PINK |
호리존노캐시미어 '캐시미어 (2/26)'
20 핑크 모쿠모쿠 : 1g

뜨개 도안

'뜨개 도안'은 책 뒤의 부록에 실려 있습니다. 복사해서 어디까지 떴는지 메모하면서 뜨면 작업이 훨씬 쉬워집니다.

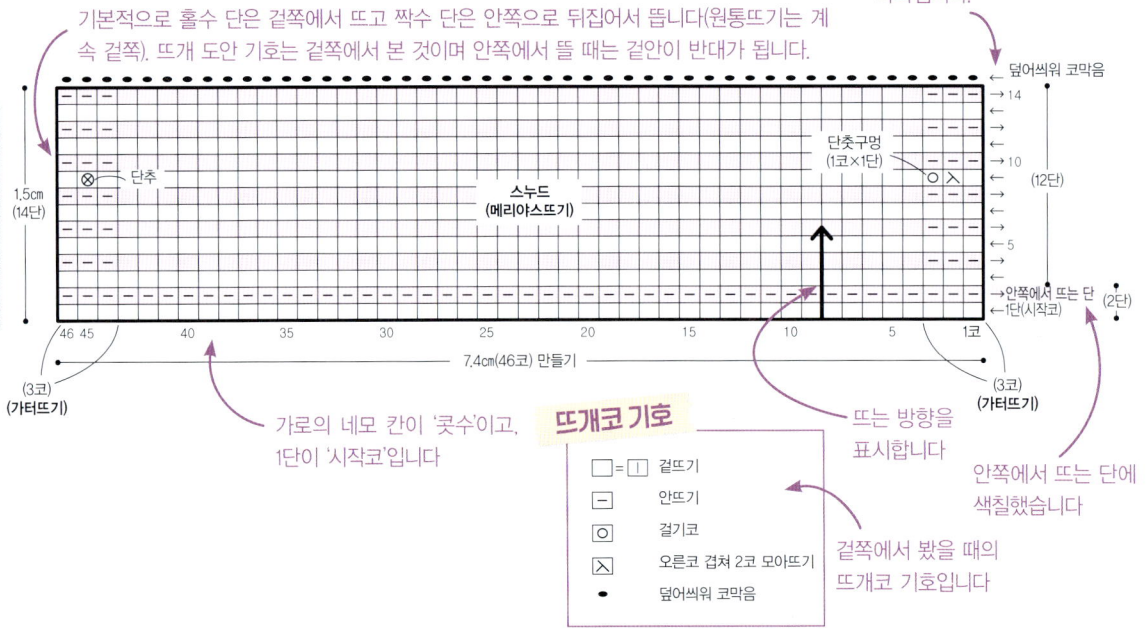

기본적으로 홀수 단은 겉쪽에서 뜨고 짝수 단은 안쪽으로 뒤집어서 뜹니다(원통뜨기는 계속 겉쪽). 뜨개 도안 기호는 겉쪽에서 본 것이며 안쪽에서 뜰 때는 겉안이 반대가 됩니다.

화살표는 뜨개 진행 방향을 나타냅니다.

가로의 네모 칸이 '콧수'이고, 1단이 '시작코'입니다

뜨개코 기호
- □ = | 겉뜨기
- − 안뜨기
- ○ 걸기코
- ⁄ 오른코 겹쳐 2코 모아뜨기
- • 덮어씌워 코막음

뜨는 방향을 표시합니다

안쪽에서 뜨는 단에 색칠했습니다

겉쪽에서 봤을 때의 뜨개코 기호입니다

치수 도안

뜨개 도안이 너무 커서 소개할 수 없는 페이지는 뜨개코를 간략하게 표시한 '치수 도안'을 수록했습니다. 뜨개 콧수와 단수, 완성했을 때의 크기를 기재했습니다.

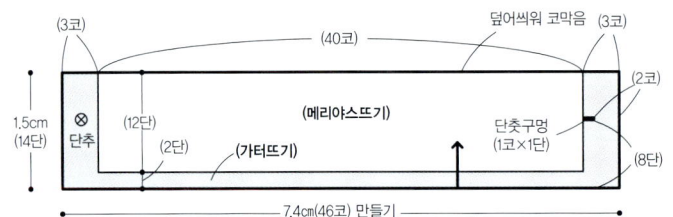

SNOOD

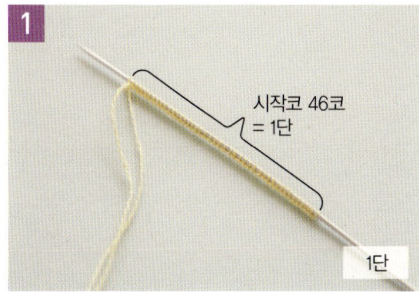

시작코로 46코를 만든다. 이것이 1단이 된다.
➡ 【손가락에 걸어서 만드는 시작코】 P.17

2단, 3단은 겉뜨기한다.
➡ 【겉뜨기】 P.18

4단에서 처음 3코는 겉뜨기하고

계속해서 40코를 안뜨기한 후, 나머지 3코는 다시 겉뜨기한다. 양끝의 3코는 가터뜨기를 해야 하므로 겉쪽과 안쪽 모두 겉뜨기한다.
➡ 【안뜨기】 P.19

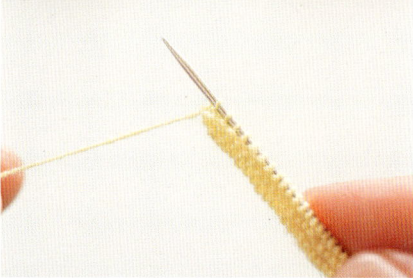

5단은 겉뜨기한다.

③ ~ ⑤를 반복해서 양끝의 3코를 가터뜨기한 메리야스뜨기를 한다.
【메리야스뜨기+가터뜨기】

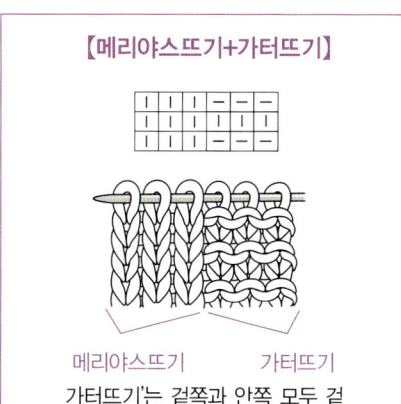

메리야스뜨기   가터뜨기

'가터뜨기'는 겉쪽과 안쪽 모두 겉뜨기하고, '메리야스뜨기'는 겉쪽은 겉뜨기, 안쪽은 안뜨기한다.

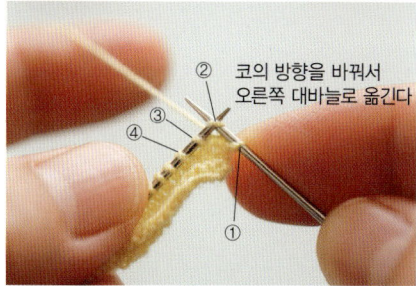

9단에서는 단춧구멍을 만든다. 첫 번째 코를 뜨고 난 후, 두 번째와 세 번째 코의 방향을 바꾸고(오른쪽 앞쪽→왼쪽 앞쪽) 오른쪽 대바늘로 옮겨서

Point

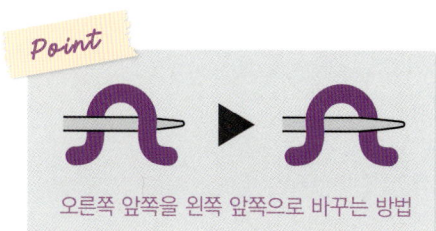

오른쪽 앞쪽을 왼쪽 앞쪽으로 바꾸는 방법

SNOOD

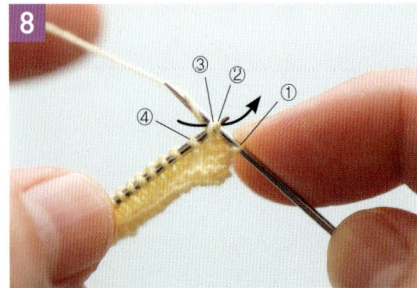

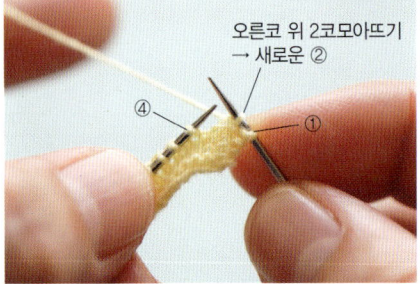

방향을 바꾼 2코 ②③에 왼쪽 대바늘을 넣어서 겉뜨기한다.
➡【오른코 위 2코모아뜨기(겉뜨기)】P.21

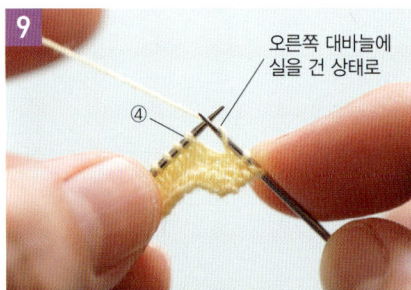

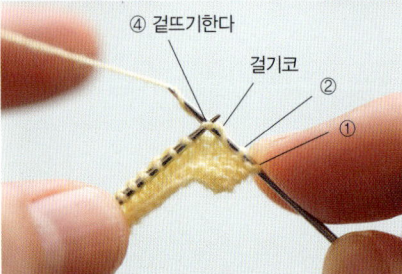

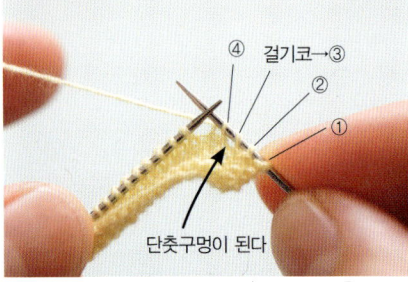

다음, 바늘에 실을 건 상태로(걸기코=단춧구멍이 된다) 다음 코 ④를 겉뜨기한다.
➡【걸기코】P.22
➡【단춧구멍】P.23

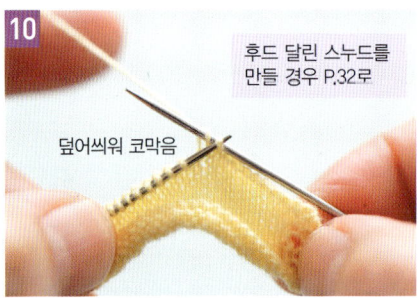

계속해서 14단까지 뜨고 나면 덮어씌워 코막음한다.
➡【덮어씌워 코막음】P.24
➡〈A 후드 달린 스누드〉를 뜰 경우에는 여기에서 11코만 덮어씌우고 A의 과정으로 진행한다.

마지막까지 덮어씌워 코막음한 후, 실을 15cm 정도 남기고 잘라서 코에서 빼놓는다.

돗바늘을 이용해 실끝을 눈에 띄지 않게 뜨개 바탕의 안쪽으로 통과시킨 후 남은 실을 자른다. 뜨개 시작 부분의 실끝도 같은 요령으로 처리한다.

단추를 달기 전, 필요한 경우에는 세탁하고 다림질해서 마무리한다.
➡【마무리】P.25

| 단추 달기 | on a button |

단추 위치에 단추를 달면 완성!

SNOOD

Ⓐ 후드 달린 스누드 / 털실 ⑱

Ⓔ + Ⓕ 점프슈트 / 털실 ❼ ❺ ❾

트레이닝의 '연습용 스누드'는 미니어처 니트의 게이지를 대신하는 연습 작품입니다.
P.28 '치수 도안'의 크기와 비슷하게 떴다면 다음 단계로 진행하세요.

BALACLAVA

A | 후드 달린 스누드

| BEIGE |
AVRIL '퓨어램 (2/24)'
❼ L. 베이지 : 2g

| GREEN |
카시미야 '캐시미어 (2/26)'
⓲ F545 : 2g

뜨개 도안 & 치수 도안

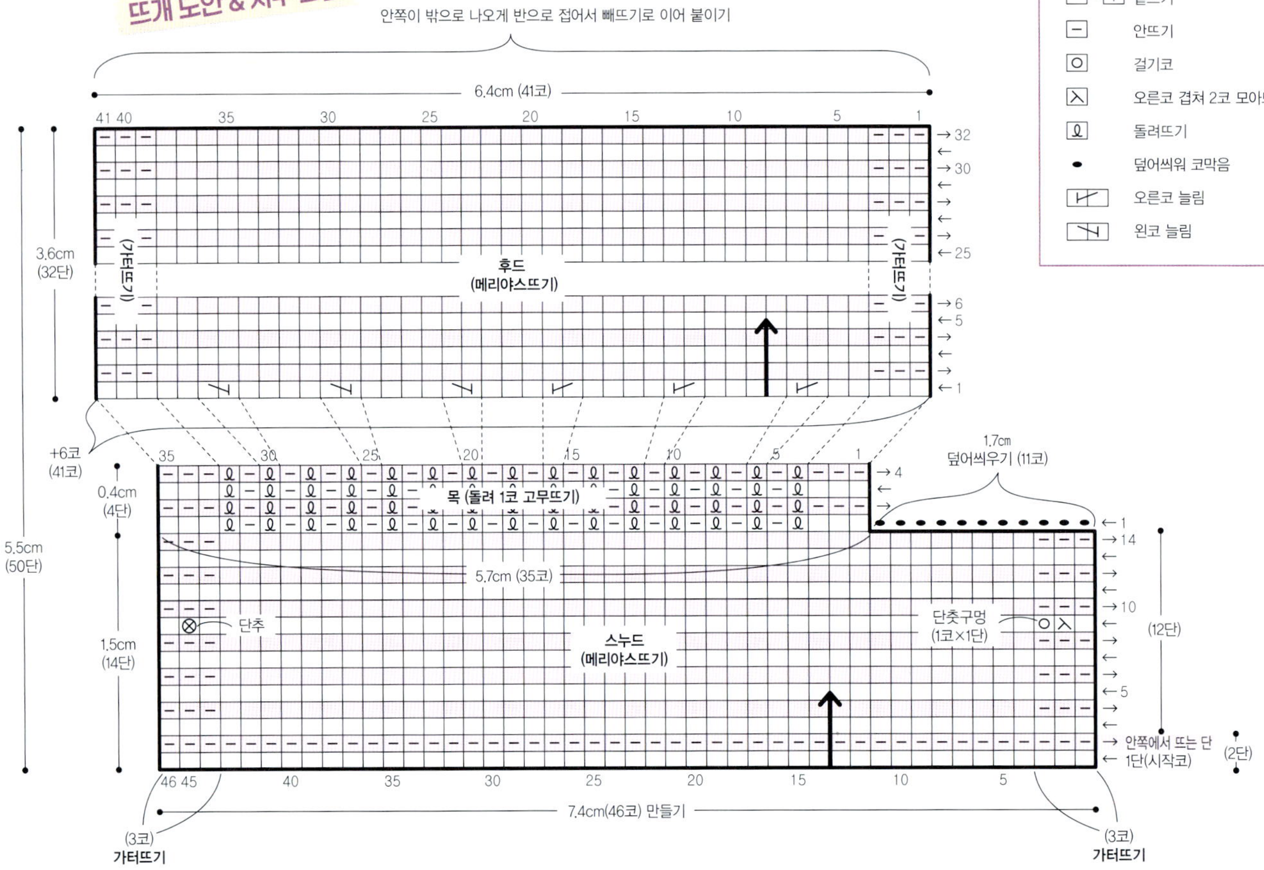

뜨개코 기호
- □ = 겉뜨기
- ─ 안뜨기
- ○ 걸기코
- ⋌ 오른코 겹쳐 2코 모아뜨기
- ℚ 돌려뜨기
- • 덮어씌워 코막음
- ⋈ 오른코 늘림
- ⋈ 왼코 늘림

후드 (메리야스뜨기)

목 (돌려 1코 고무뜨기)

스누드 (메리야스뜨기)

안쪽이 밖으로 나오게 반으로 접어서 빼뜨기로 이어 붙이기

6.4cm (41코)
3.6cm (32단)
(가터뜨기)

+6코 (41코)
0.4cm (4단)
5.5cm (50단)
1.5cm (14단)

1.7cm 덮어씌우기 (11코)
5.7cm (35코)
단추
단춧구멍 (1코×1단)
안쪽에서 뜨는 단
1단(시작코)
(2단)
(12단)

7.4cm(46코) 만들기
(3코) 가터뜨기

BALACLAVA

| 목 | neck |

1

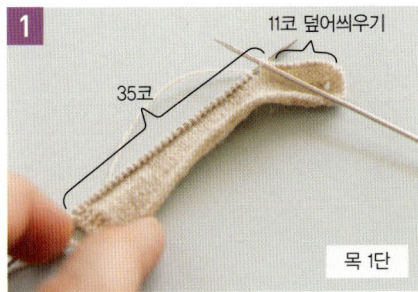

35코, 11코 덮어씌우기, 목 1단

처음 3코는 겉뜨기

연습용 스누드(P.30) **10**에서 11코를 덮어씌워 코막음하고 나머지를 35코로 해서 돌려 1코 고무뜨기한다. 세 번째 코까지 겉뜨기하고 나면

2

실에 오른쪽 대바늘을 넣는다

그대로 겉뜨기

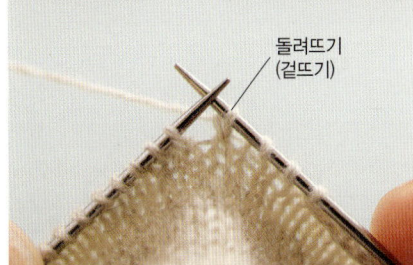

돌려뜨기 (겉뜨기)

네 번째 코에서, 앞쪽의 실이 아니라 안쪽 실에 오른쪽 대바늘을 넣어 겉뜨기한다.
➡ 【돌려 겉뜨기】 P.18

3

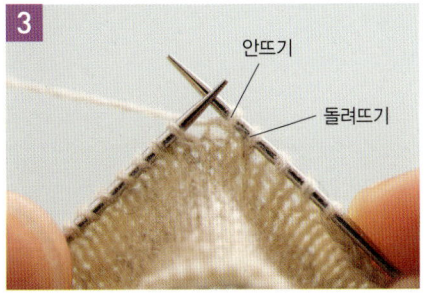

안뜨기, 돌려뜨기

다섯 번째 코는 안뜨기로

4

마지막 3코는 겉뜨기, 돌려 1코 고무뜨기

이후 **2 3**을 반복해서 돌려 1코 고무뜨기한다. 양끝의 3코는 가터뜨기이므로 마지막 3코는 겉뜨기한다. 이것이 1단.

【돌려 1코 고무뜨기】

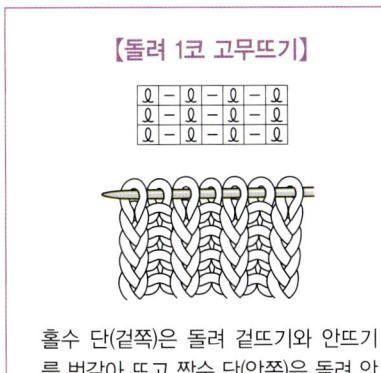

홀수 단(겉쪽)은 돌려 겉뜨기와 안뜨기를 번갈아 뜨고 짝수 단(안쪽)은 돌려 안뜨기와 겉뜨기를 번갈아 뜬다.

5

마지막 3코는 겉뜨기, 목 2단

안쪽의 실 뒤에서 오른쪽 대바늘을 넣는다, 그대로 안뜨기

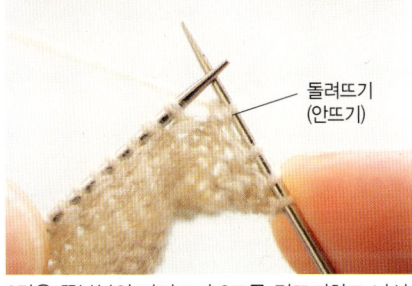

돌려뜨기 (안뜨기)

2단은 끝부분의 가터뜨기 3코를 겉뜨기하고 나서, 이번에는 안쪽의 실 뒤에서 오른쪽 대바늘을 넣어 안뜨기한다. 홀수 단에서 돌려 겉뜨기한 코는 짝수 단에서 돌려 안뜨기한다.
➡ 【돌려 안뜨기】 P.19

6

가터뜨기 3코, 돌려 1코 고무뜨기 29코, 가터뜨기 3코

계속해서 겉뜨기, 돌려 안뜨기, 겉뜨기…를 반복하고 마지막 3코는 겉뜨기한다. 이렇게 양끝 3코 가터뜨기의 돌려 1코 고무뜨기로 4단을 뜬다.

BALACLAVA

| 후드 | hood |

7

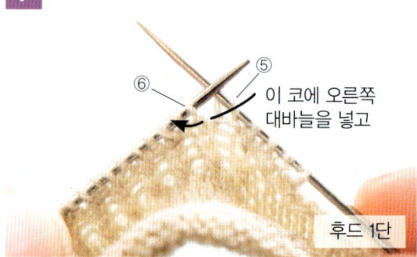

후드 1단

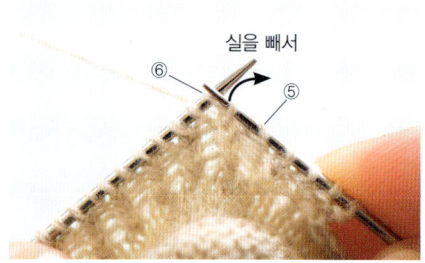

실을 빼서

그대로 왼쪽 대바늘에 건 후

걸어놓은 실을 겉뜨기

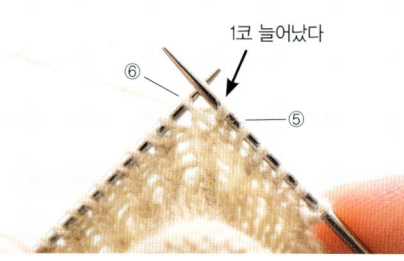

1코 늘어났다

그다음, 코늘림해서 41코로 만든다. 먼저 5코를 겉뜨기한 후 다음 코 ⑥의 1단 아래쪽 코에 오른쪽 대바늘을 넣고 실을 빼내서 그 실을 왼쪽 대바늘로 옮겨 겉뜨기한다. 【오른코 늘림】→ 1코가 늘어났다.
➡ 【오른코 늘림 (겉뜨기)】 P.20

8

계속해서 5코를 겉뜨기한 후, 오른코 늘림을 2회 반복한다.

9

이 코에 왼쪽 대바늘을 넣고

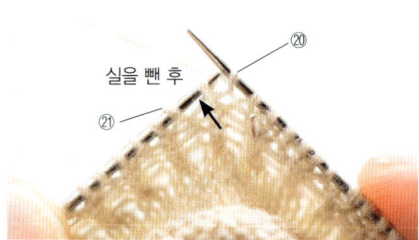

실을 뺀 후

그대로 오른쪽 대바늘을 넣어서
빼낸 실

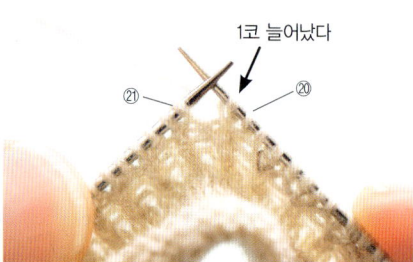

1코 늘어났다

다시 5코를 겉뜨기한 후 이번에는 앞쪽의 코 ⑳의 2단 아래쪽의 코에 왼쪽 대바늘을 넣고 실을 빼서 그대로 오른쪽 대바늘로 겉뜨기한다. 【왼코 늘림】→ 1코가 늘어났다.
➡ 【왼코 늘림 (겉뜨기)】 P.20

10

이 과정 역시 2회 반복해서 총 41코로 만든 후, 양 끝 3코 가터뜨기인 메리야스뜨기로 31단을 뜬다.

11

후드 32단

20코　21코

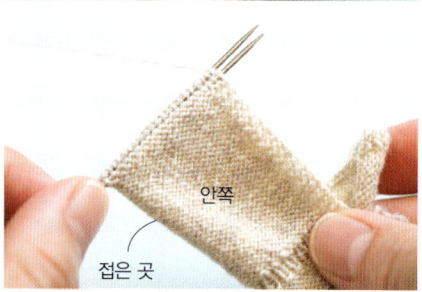

안쪽
접은 곳

32단은 대바늘 2개에 20코, 21코로 나눠서 뜨고 안쪽이 밖으로 나오게 반으로 접어서 빼뜨기로 이어 붙인다.

BALACLAVA

12 코바늘을 2코에 넣고 실을 건다
실을 뺀 후 대바늘에서 2코를 벗겨낸다

먼저 앞쪽 대바늘과 뒤쪽 대바늘의 코에 사진처럼 코바늘을 넣고 실을 걸어서 뺀 후, 대바늘에서 2코를 벗겨낸다.

13 다음부터는 코바늘을 넣은 후 대바늘에서 2코를 벗겨내서
3코 함께 실을 뺀다

두 번째 코 이후도 마찬가지로, 앞쪽과 뒤쪽 대바늘의 코에 1코씩 코바늘을 넣은 후 앞의 코와 합쳐서 3코 함께 실을 뺀다. 이 과정을 마지막까지 반복한다.

14 실끝을 뺀다

실을 15㎝ 정도 남기고 자른 후 코에서 빼고, 각각의 실끝을 처리한다.

15 단추를 달기 전에, 필요한 경우에는 세탁 후 다림질해서 마무리한다.
➡ 【마무리】 P.25

단추 달기 | on a button |

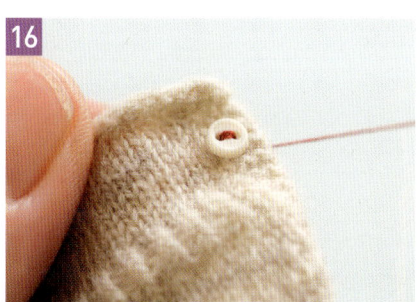

16 단추 위치에 단추를 달면 완성!

HELMET

B 폼폼 달린 헬멧

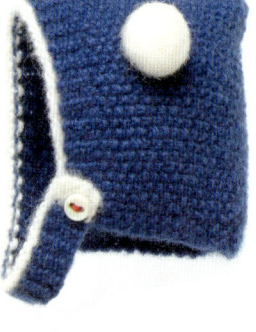

| BLUE |

AVRIL '캐시미어 (2/26)'
A색 1 화이트 : 1g
B색 4 빅토리아 블루 : 2g

| RED |

AVRIL '캐시미어 (2/26)'
A색 1 화이트 : 1g
B색 3 스칼릿 : 2g

뜨개 도안 & 치수 도안

뜨개코 기호

- = 겉뜨기
- 안뜨기
- 돌려뜨기
- 걸기코
- 오른코 겹쳐 2코 모아뜨기 (안뜨기)
- 덮어씌워 코막음 (안뜨기)
- 돌려뜨기의 덮어씌워 코막음
- 폼폼 부착 위치
- 반대로 한다
- A색
- B색

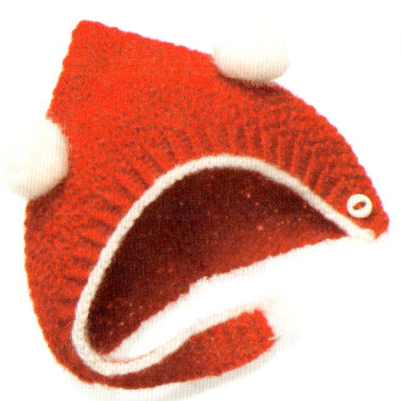

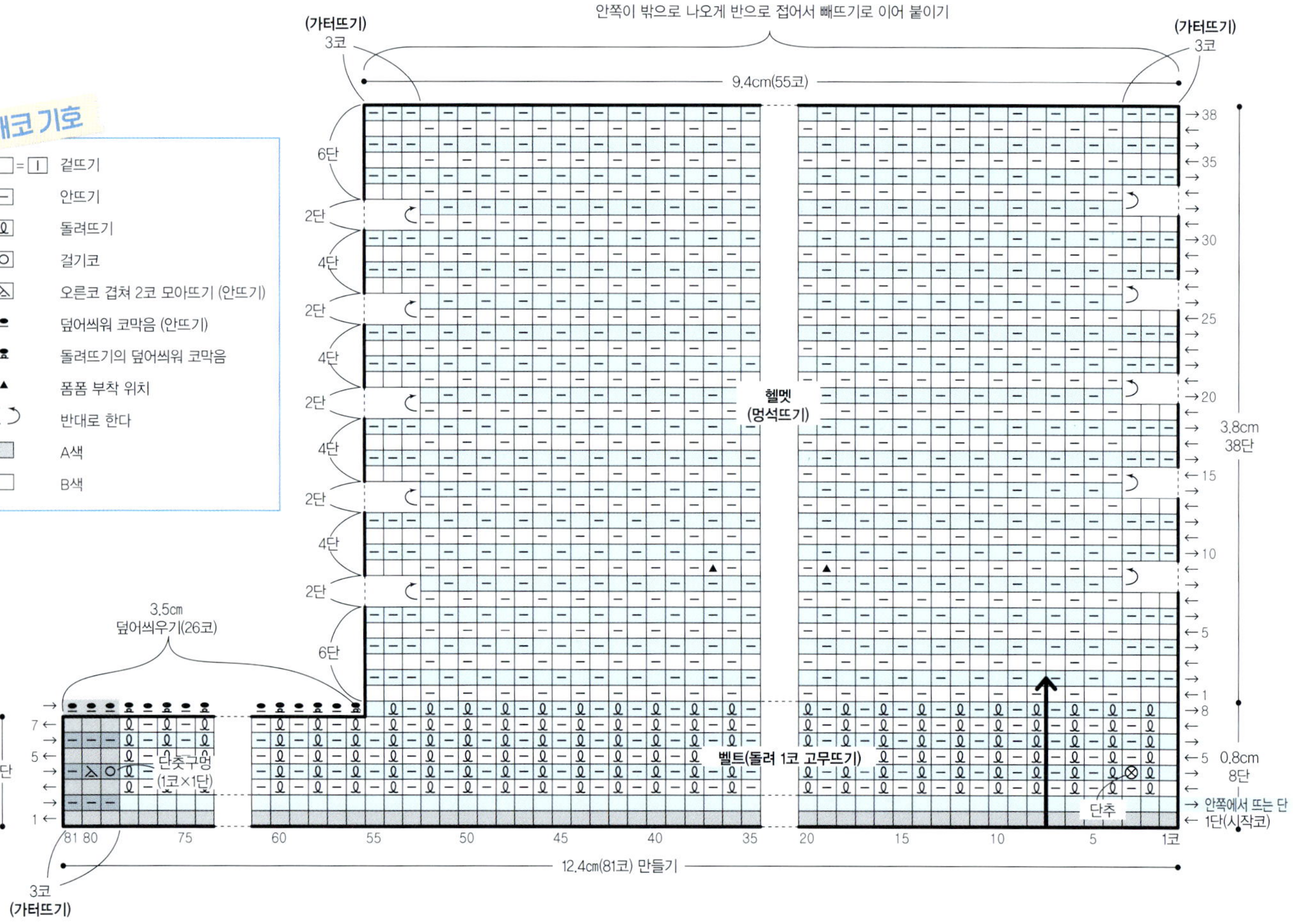

HELMET

| 벨트 | belt |

1

A색을 사용하여 시작코로 81코를 만든다.
➡ 【손가락에 걸어서 만드는 시작코】 P.17

2

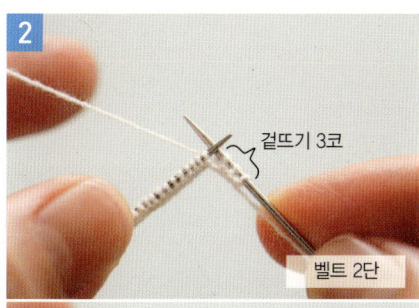

겉뜨기 3코
벨트 2단

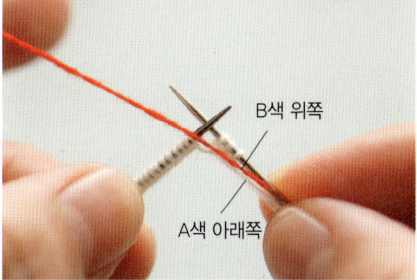

B색 위쪽
A색 아래쪽

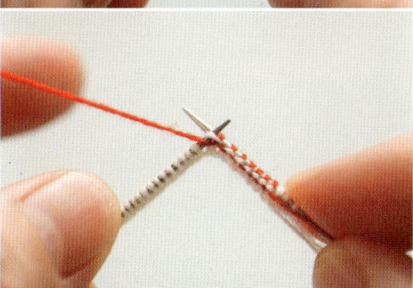

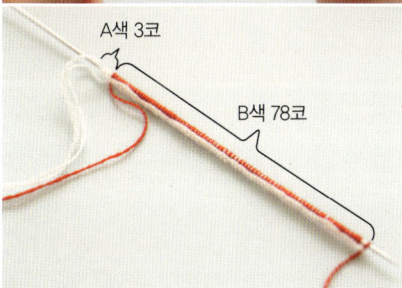

A색 3코
B색 78코

2단은 3코를 겉뜨기한 후 실을 B색으로 바꾸고 나머지를 안뜨기한다. 이때 B색을 A색의 위쪽으로 가져온다.

3

A색
B색을 A색 사이에 끼워 넣듯이 위쪽으로 가져온다
B색
벨트 3단

A색으로 3코를 겉뜨기

3단에서 첫 번째 코는 겉뜨기한 후 돌려 1코 고무뜨기로 77코를 뜨고 나면, B색을 A색 사이에 끼워 넣듯이 위쪽으로 가져와서 쉬게 하고 A색으로 나머지 3코를 겉뜨기한다. 실을 바꾸는 경계선에 틈이 생기지 않도록, 뜬 실을 다음 실 사이에 끼워 넣어 교차해 놓는다.

4

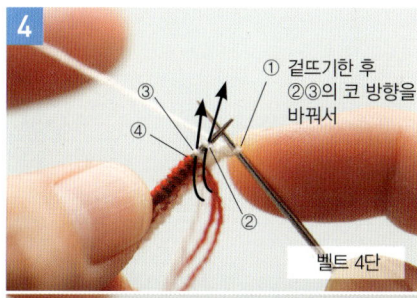

① 겉뜨기한 후 ②③의 코 방향을 바꿔서
벨트 4단

② 오른코 겹쳐 2코 모아뜨기

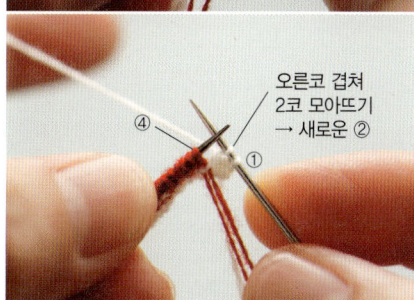

오른코 겹쳐 2코 모아뜨기
→ 새로운 ②

4단에서는 단춧구멍을 만든다. 그대로 A색을 사용해 1코를 겉뜨기한 후 두 번째 코와 세 번째 코를 오른코 겹쳐 2코 모아뜨기한다. ※ 뜨개 도안은 【오른코 겹쳐 2코 모아뜨기 (안뜨기)】인데 안쪽에서 뜨기 때문에 실제로는 【오른코 겹쳐 2코 모아뜨기 (겉뜨기)】를 한다.
➡ 【오른코 겹쳐 2코 모아뜨기 (겉뜨기)】 P.21

5

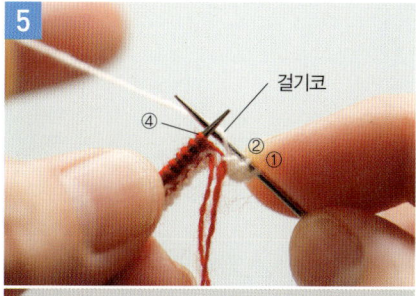

걸기코

B색을 A색의 위쪽으로 가져와서
걸기코
A색을 아래쪽으로

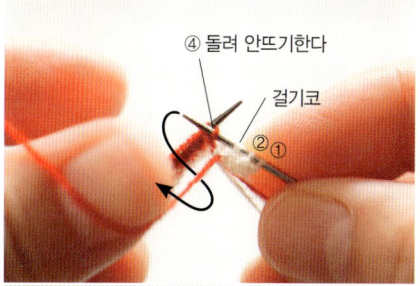

④ 돌려 안뜨기한다
걸기코

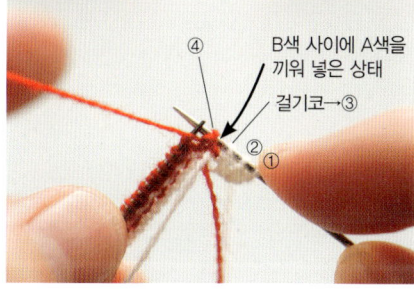

B색 사이에 A색을 끼워 넣은 상태
걸기코 → ③

그 다음 걸기코를 한 상태로 B색을 A색의 위쪽에서 가져와서 돌려 안뜨기한다.
➡ 【단춧구멍】 P.23

6

벨트 7단

같은 요령으로 실을 바꿔 가며 7단까지 뜬다.

HELMET

| 헬멧 | helmet |

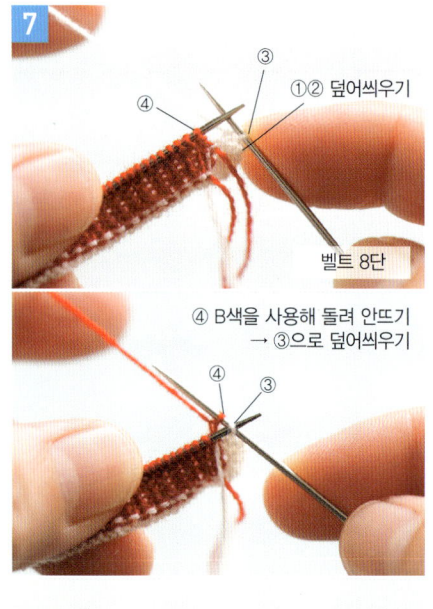

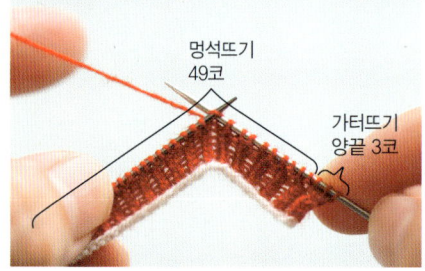

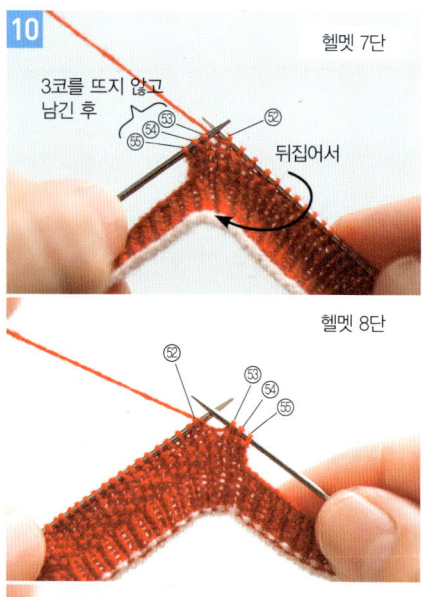

8단에서는 벨트 부분을 덮어씌운다. A색으로 3코를 덮어씌운 후 B색으로 23코를 덮어씌운다. 대바늘에는 55코가 남는다.

여기부터 양끝 3코 가터뜨기인 멍석뜨기를 한다. 처음 3코를 겉뜨기하고, 네 번째 코 이후는 안뜨기, 겉뜨기, 안뜨기…를 반복하고, 마지막 3코는 겉뜨기한다.

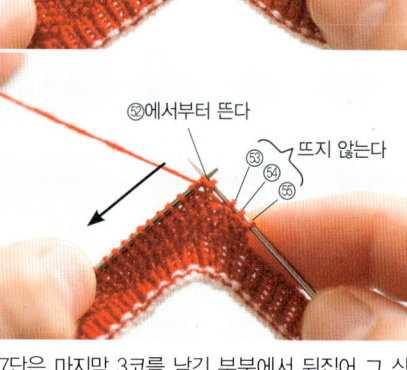

7단은 마지막 3코를 남긴 부분에서 뒤집어 그 상태로 8단을 뜬다.

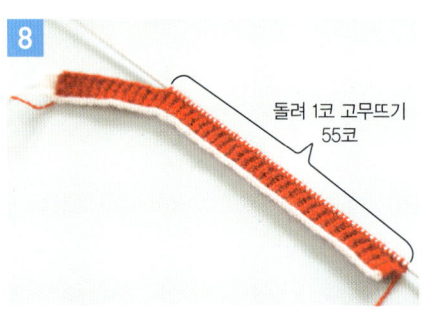

나머지를 돌려 1코 고무뜨기하고 마지막 1코는 안뜨기한다.

【멍석뜨기】

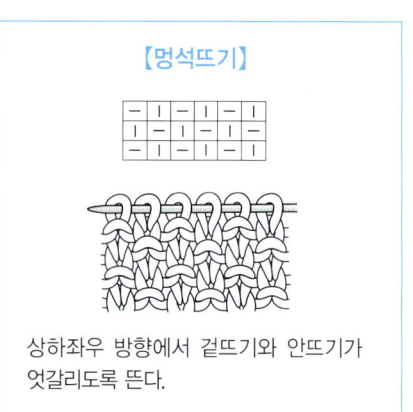

상하좌우 방향에서 겉뜨기와 안뜨기가 엇갈리도록 뜬다.

【돌려 1코 고무뜨기의 덮어씌워 코막음】
짝수 단(안쪽)에서 덮어씌우는 경우

덮어씌워 코막음 →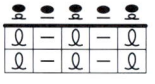

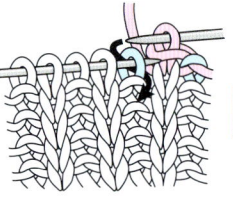

'돌려 1코 고무뜨기'로 덮어씌우는 방법. 뜨개 도안의 기호는 돌려뜨기(겉뜨기)와 안뜨기인데 짝수 단 때문에 실제로는 돌려뜨기(안뜨기)와 겉뜨기로 덮어씌웁니다.

첫 번째 코를 돌려 안뜨기하고 두 번째 코를 겉뜨기한 후, 첫 번째 코를 두 번째 코에 덮어씌운다

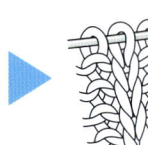

세 번째 코를 돌려 안뜨기한다

두 번째 코를 세 번째 코에 덮어씌운다

네 번째 코를 겉뜨기해서 세 번째 코를 덮어씌운다. 이 과정을 반복한다.

HELMET

11

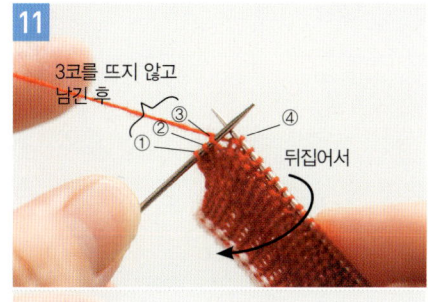

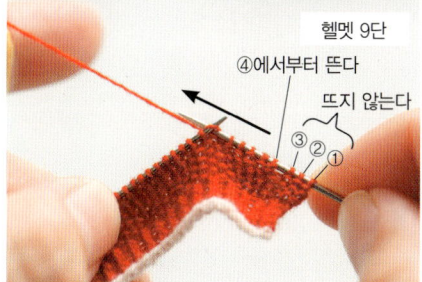

같은 요령으로 8단도 마지막 3코를 남긴 부분까지 뜬 후 뒤집어서 9단을 뜬다.

12

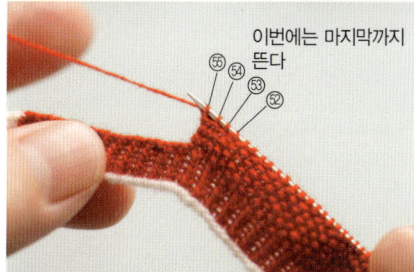

9단은 **10**에서 뒤집은 부분을 끝까지 뜬다. 10단도 같은 요령으로 뜬다. 뜨면서 폼폼을 다는 위치에는 실 등으로 표시해 놓으면 좋다.

13

6단 간격으로 **10**~**12**를 반복하며 37단을 뜬다.

14

38단은 대바늘 2개에 27코와 28코로 나눠서 뜨고 안쪽이 겉으로 나오게 반으로 접어서 빼뜨기로 이어 붙인다.

➡ 〈**A** 후드 달린 스누드 **11**~**14**〉 P.34 참조

15

실을 15cm 정도 남기고 자른 후 코에서 빼고 각각의 실끝을 처리한다.

16

폼폼과 단추를 달기 전, 필요한 경우에는 세탁과 다림질을 해서 모양을 정돈한다.

➡ 【마무리】 P.25

HELMET

| 폼폼 | pompom |

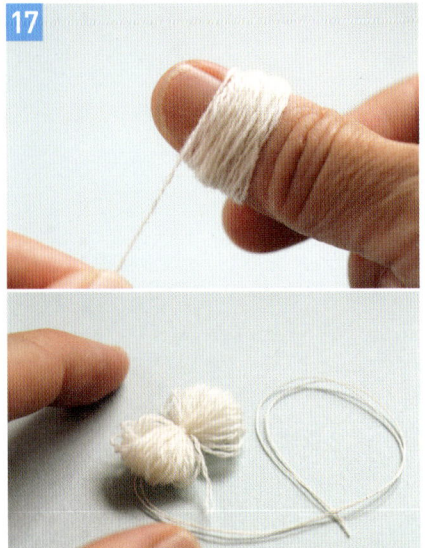

머리 부분에 달 폼폼을 만든다. 엄지에 실을 30회 정도 감은 후 한가운데를 재봉실 등으로 묶는다. 실끝은 나중에 꿰매 달기에 충분하게 남겨 놓는다.

실의 양끝을 잘라서 지름 1㎝ 정도의 폼폼 모양이 되도록 다듬는다. 이때 한 번 빨아서 복슬복슬하게 만들면 좋다.

19

겉쪽에서 두 바퀴 정도 감친 후

안쪽에서도 두 바퀴 정도 폼폼과 본체를 함께 감침질한다

폼폼 부착 위치에 꿰매 단다.

| 단추 달기 | on a button |

단추 위치에 단추를 달면 완성!

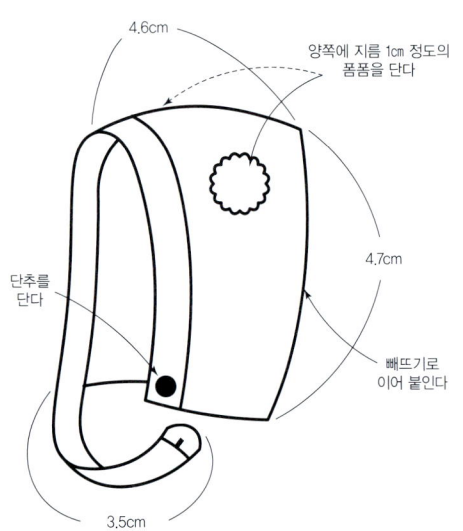

HELMET

헬멧은 1/12에서 1/6 크기의 머리가 작은 인형에 맞춰 만들었습니다.
소장하는 인형에 맞춰서 콧수와 단수를 늘리거나 줄여 보세요.

CAPE

C | 케이프

| GREEN |
호리존노캐시미어 '캐시미어 (2/26)'
㉑ 피스타치오 모쿠모쿠 : 3g

| GRAY |
AVRIL '퓨어램 (2/24)'
⑥ L. 그레이 : 3g

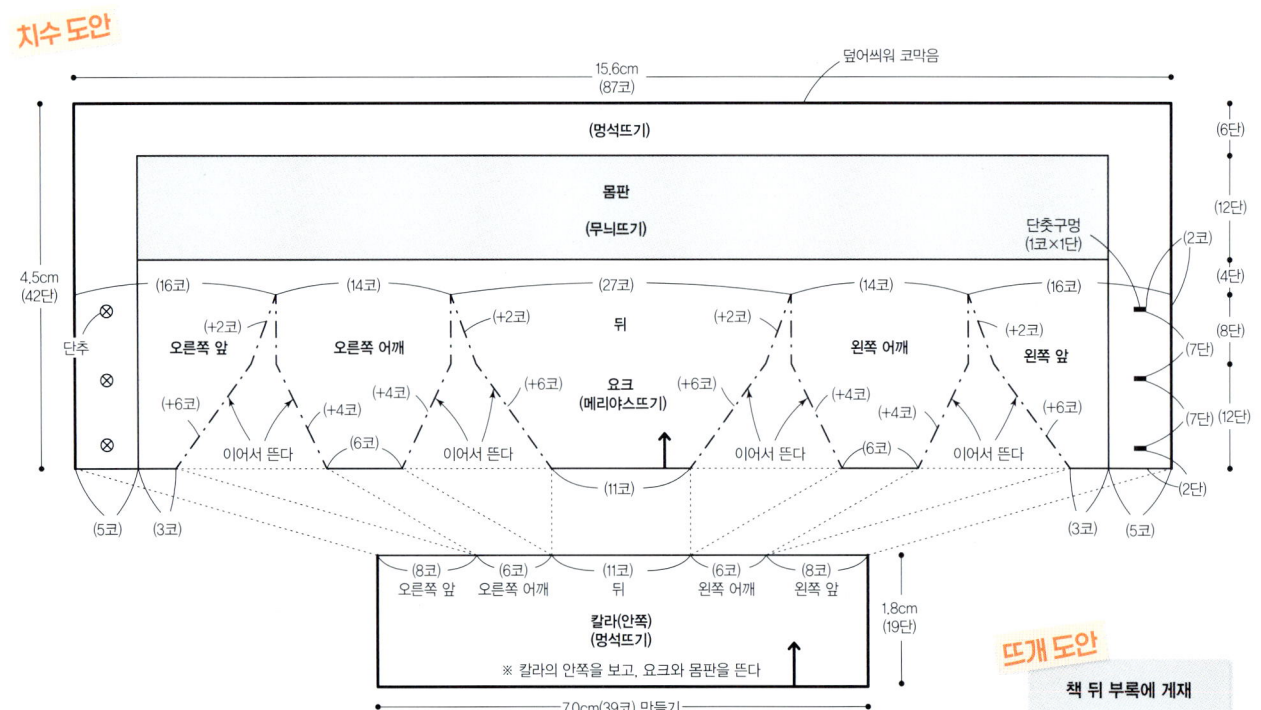

치수 도안

뜨개 도안
책 뒤 부록에 게재

CAPE

| 칼라 | collar |

1

시작코로 39코를 만들고 멍석뜨기로 18단을 뜬다.
➡ 【손가락에 걸어서 만드는 시작코】 P.17

| 요크 | yoke |

2

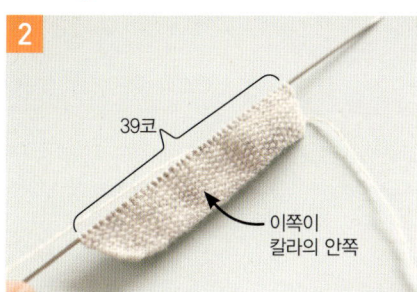

여기부터는 칼라의 안쪽을 보며 몸판의 겉쪽을 뜬다.
[칼라 안쪽=몸판 겉쪽]

3

요크 2단은 여섯 번째 코까지 뜬 다음 코 ⑦의 1단 아래쪽 코에 오른쪽 대바늘을 넣어서 실을 빼내고 그 실을 왼쪽 대바늘로 옮겨 안뜨기한다. 【오른코 늘림】 1코가 늘어났다.
➡ 【오른코 늘림 (안뜨기)】 P.20

4

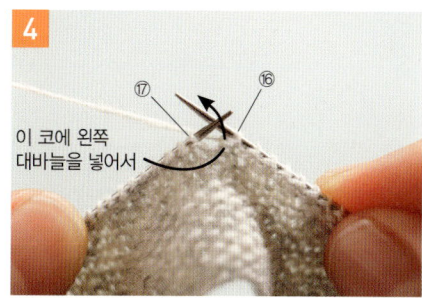
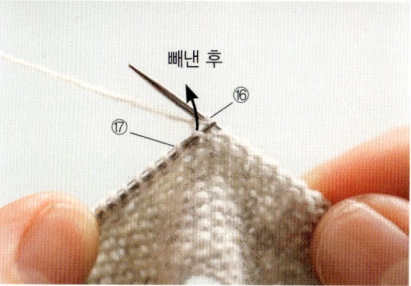

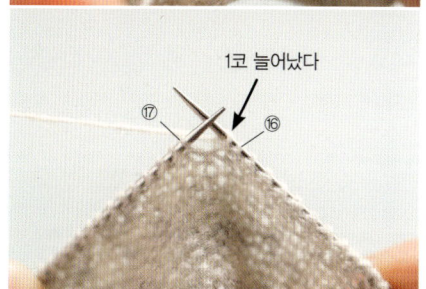

계속해서 10코를 안뜨기한 후 앞쪽의 코 ⑯의 2단 아래쪽 코에 왼쪽 대바늘을 넣어서 실을 빼내고 그대로 오른쪽 대바늘로 안뜨기한다. 【왼코 늘림】 1코가 늘어났다.
➡ 【왼코 늘림 (안뜨기)】 P.20

5

이후 같은 요령으로 코를 늘려 가며 뜬다.

CAPE

6 요크 3단

걸기코

③④에 오른쪽 대바늘을 넣어서
걸기코
2코를 함께 안뜨기한다

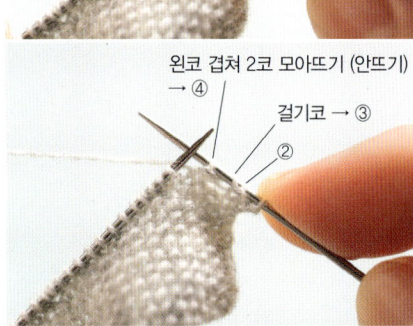
왼코 겹쳐 2코 모아뜨기 (안뜨기) → ④
걸기코 → ③

3단에서는 단춧구멍을 만든다. 두 번째 코까지 뜬 후 걸기코하고, 세 번째와 네 번째 코에 오른쪽 대바늘을 넣어서 2코를 함께 안뜨기한다. 【왼코 겹쳐 2코 모아뜨기 (안뜨기)】
➡ 【왼코 겹쳐 2코 모아뜨기 (안뜨기)】 P.21
➡ 【단춧구멍】 P.23

7

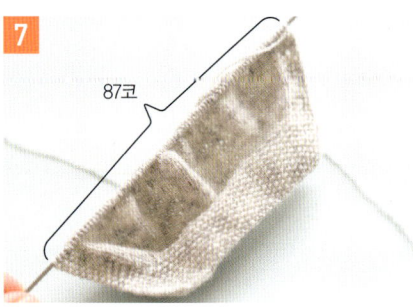
87코

계속해서 코를 늘려 가며 뜨면서, 중간에 단춧구멍을 만들고 24단까지 뜬다. 최종적으로 48코가 늘어나서 총 87코가 된다.

몸판 | bodice |

8

몸판 1단

겉뜨기하고 ⓐ

다음에 걸기코해서 ⓑ

다시 한번 겉뜨기한다 ⓒ

겉뜨기 3코 늘리기

다음으로 구슬뜨기를 넣는다. 뜨개 도안을 참고하여 ▲ 표시 부분에서 겉뜨기, 걸기코, 겉뜨기한다.
【겉뜨기 3코 늘리기】

9

뒤집어서

3코를 안뜨기하고

뒤집어서 앞의 3코를 안뜨기하고

10

다시 겉쪽으로 뒤집은 후

ⓐⓑ 코의 방향을 바꿔서 오른쪽 대바늘에 옮기고

코의 방향을 바꾼 2코

다시 겉쪽으로 뒤집은 후 처음 2코 ⓐⓑ의 방향을 바꿔서 오른쪽 대바늘로 옮긴다.

CAPE

11

세 번째 코 ⓒ를 겉뜨기하고 그 위에서 두 번째 코 ⓑ, 첫 번째 코 ⓐ를 덮어씌운다. 【구슬뜨기 (3코 3단)】가 완성되었다.

– 구슬뜨기(3코 3단) ① –
【겉뜨기 3코 늘리기】

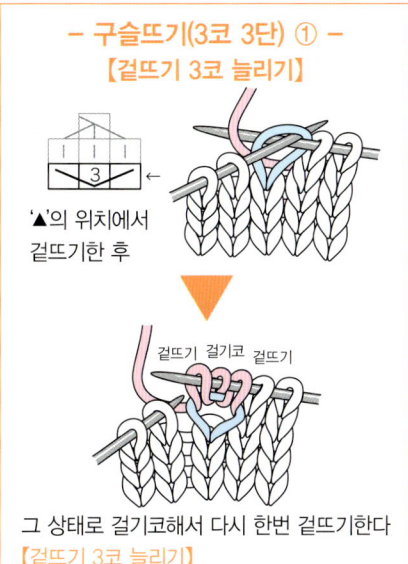

'▲'의 위치에서 겉뜨기한 후

그 상태로 걸기코해서 다시 한번 겉뜨기한다
【겉뜨기 3코 늘리기】

– 구슬뜨기(3코 3단) ② –
【오른코 겹쳐 3코 모아뜨기】

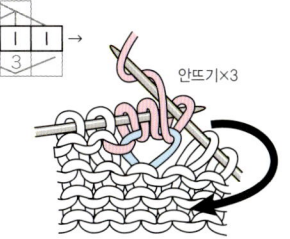

뒤집어서 조금 전에 코늘림한 3코를 안뜨기하고 다시 겉쪽으로 뒤집는다

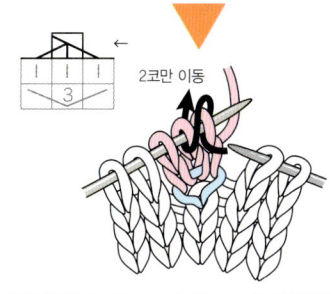

오른쪽의 2코를 뜨지 않고 코의 방향을 왼쪽 앞쪽으로 바꿔서 오른쪽 대바늘로 옮긴다

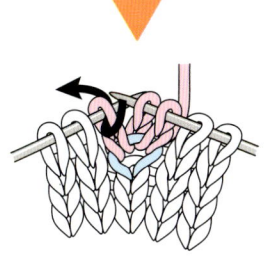

가장 왼쪽의 세 번째 코를 겉뜨기하고

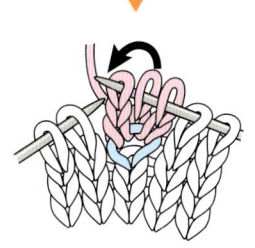

세 번째 코에 오른쪽의 2코를 덮어씌운다.
【오른코 겹쳐 3코 모아뜨기】

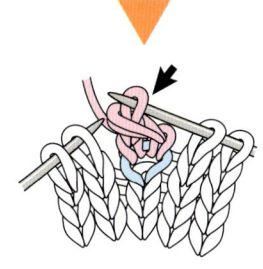

3코 3단의 구슬뜨기 완성

12

이후 같은 요령으로 구슬뜨기와 지그재그 무늬를 넣어 가며 12단을 뜬다.

13

밑단을 멍석뜨기로 6단 뜬 후 덮어씌워 코막음해서 실끝을 처리한다. 이때 뜨개 시작 부분의 실끝 처리를 실수하기 쉬우니 주의한다. [칼라의 안쪽=몸판의 겉쪽]
➡ 【덮어씌워 코막음】 P.24
➡ 【안뜨기의 덮어씌워 코막음】 P.68

14

단추를 달기 전, 필요한 경우에는 세탁과 다림질을 해서 마무리한다.
➡ 【마무리】 P.25

15

단추 위치에 단추를 달면 완성!

LEG WARMERS

D | 레그 워머

| BLUE |

AVRIL '캐시미어 (2/26)'
A색 **1** 화이트 : 1g
B색 **4** 빅토리아 블루 : 1g

| RED |

AVRIL '캐시미어 (2/26)'
A색 **1** 화이트 : 1g
B색 **3** 스칼릿 : 1g

뜨개도안 & 치수도안

뜨개코 기호

- □ = ㅣ 겉뜨기
- • 덮어씌우기
- 오른코 늘림
- 왼코 늘림
- 오른코 겹쳐 2코 모아뜨기
- 왼코 겹쳐 2코 모아뜨기
- □ A색
- ▨ B색

(발끝 쪽) 2.6cm (19코) ← 덮어씌워 코막음

3.0cm (30단)

(메리야스뜨기)

(19코)
(22코)

2.7cm (20코) 만들어서 원통형으로 뜬다
(입구 쪽)

LEG WARMERS

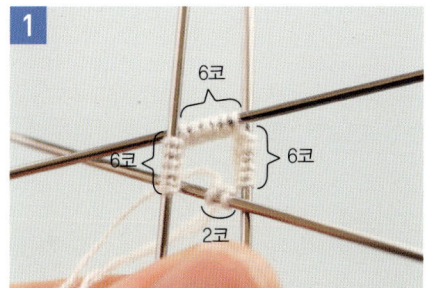

A색을 사용해 시작코 20코를 만든 다음, 대바늘 4개로 6코, 6코, 6코, 2코로 나눠서 원통으로 뜬다.
➡ 【손가락에 걸어서 만드는 시작코】 P.17

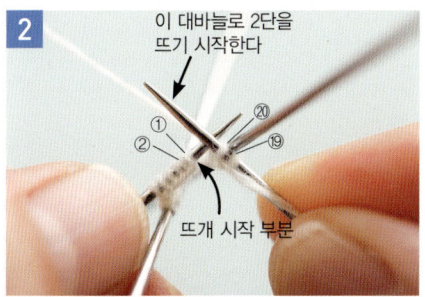

2코가 걸린 네 번째 대바늘로 2단을 뜨기 시작한다. 첫 번째 코를 뜬 후 뜨개 시작 부분의 실끝을 사진처럼 앞쪽에서 왼쪽 대바늘과 오른쪽 대바늘 사이를 통과시켜 안쪽으로 돌려놓는다.

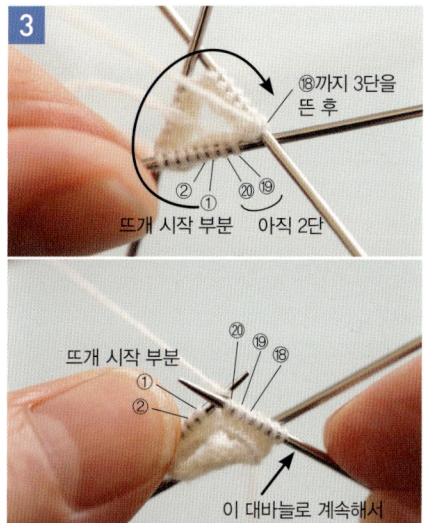

메리야스뜨기로 2단을 뜬 후 첫 번째 대바늘의 처음 2코 ⑲⑳을 세 번째 대바늘로 계속해서 뜨고, 뜨개 시작 부분의 위치를 첫 번째 대바늘의 첫 번째 코로 되돌려 놓는다.

【메리야스뜨기】

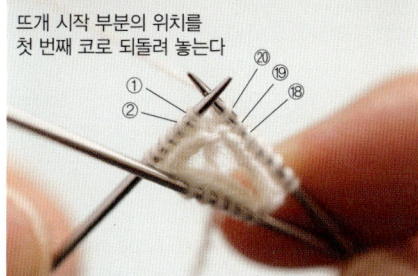

원통뜨기로 메리야스뜨기할 경우에는 계속 겉뜨기를 한다.

Point

대바늘 3개로 원통뜨기를 시작할 때 마지막(세 번째)과 처음(첫 번째)의 대바늘 사이가 너무 벌어지지 않도록, 다음 단 뜨개 시작 부분의 대바늘(네 번째 다음에 첫 번째가 된다)에 뜨개 끝부분의 코를 2코 정도 옮긴 상태에서 시작하면 좋다. 다다음 단수를 잘못 세지 않도록 몇 단을 뜬 후 뜨개 끝부분의 2코는 세 번째 대바늘로 뜨고 뜨개 시작 부분의 위치를 되돌려 놓는다.

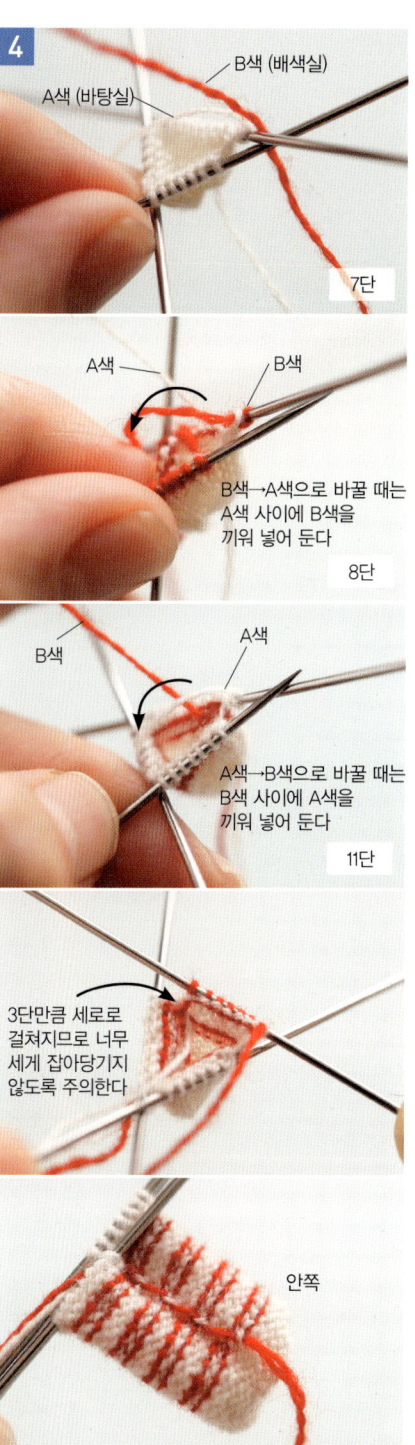

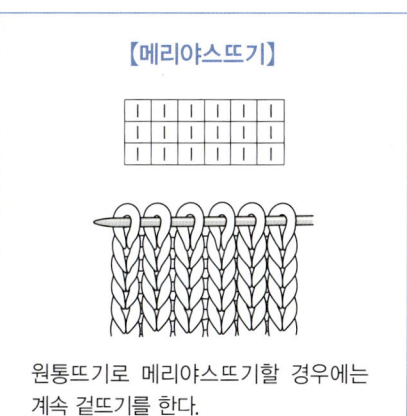

4단에서 2코를 늘려서 22코로 만들고 7단부터는 4단 간격으로 B색을 사용해 가로 줄무늬를 넣는다. 바탕실 A색 위에 배색실 B색을 가져와서 뜨기 시작하고 색을 바꿀 때는 뜨던 실을 다음 실 사이에 끼워 넣어 둔다.
➡ 【코늘림】 P.20

LEG WARMERS

5

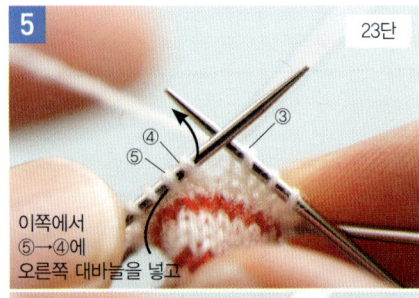

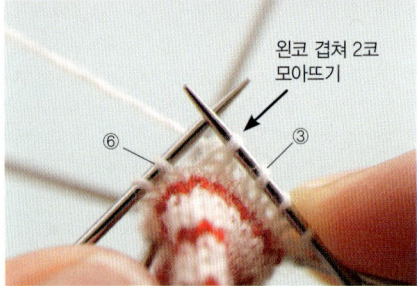

23단은 3코를 뜬 후 다음 2코 ④⑤의 왼쪽에서 사진처럼 오른쪽 대바늘을 넣고 2코를 함께 겉뜨기한다.

【왼코 겹쳐 2코 모아뜨기】→ 1코 줄었다.
➡ 【왼코 겹쳐 2코 모아뜨기 (겉뜨기)】P.21

6

계속해서 5코를 겉뜨기한 후 오른코 겹쳐 2코 모아뜨기를 2회 반복하여 총 3코를 코줄임해서 19코로 만든다.

➡ 【오른코 겹쳐 2코 모아뜨기 (겉뜨기)】P.21

7

메리야스뜨기로 7단을 뜬 후 덮어씌워 코막음하고 실끝을 처리한다. 같은 것을 하나 더 뜬다.

➡ 【덮어씌워 코막음】P.24
➡ 【원통뜨기의 덮어씌워 코막음】P.25

8

필요한 경우, 세탁해서 다림질로 마무리하면 완성!

➡ 【마무리】P.25

새끼손가락보다 폭이 좁은 원통뜨기라서 뜨고 난 후의 마무리도 어렵습니다.
안쪽으로 뒤집을 때는 겸자를 사용해 조심스럽게 해주세요.

LEG WARMERS

B 폼폼 달린 헬멧
털실 19 20

H 벌집무늬 원피스
털실 20 19

D 레그 워머
털실 19 20

발뒤꿈치를 푹 덮는 디자인이므로 발목 둘레를 느슨하게 신길 수 있습니다.
벌집무늬 원피스 & 롬퍼스와 조합하면 귀엽습니다.

BASIC SWEATER

E | 기본 스웨터

| 반팔 |

AVRIL '퓨어램 (2/24)'
7 L. 베이지 : 2g
자수 **9** 스칼릿 : 1g

| 긴팔 |

AVRIL '퓨어램 (2/24)'
A색 **6** L. 그레이 : 2g
B색 **5** 화이트 : 1g
자수 **9** 스칼릿 : 1g

치수 도안

뜨개 도안

책 뒤 부록에 게재

BASIC SWEATER

| 목둘레단 | neckline |

1

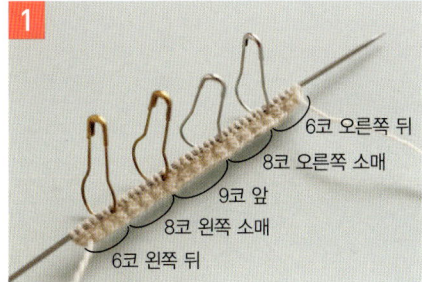

시작코 37코를 만들고 양끝 2코를 가터뜨기하는 돌려 1코 고무뜨기로 3단을 뜬다.
➡ 【손가락에 걸어서 만드는 시작코】 P.17

Point

여기에서 오른쪽 뒤 6코, 오른쪽 소매 8코, 앞 9코, 왼쪽 소매 8코, 왼쪽 뒤 6코의 경계선에 마커나 안전핀 등을 사용해 표시해 놓으면 알아보기 쉽다.

| 요크 | yoke |

2

요크 1단에는 첫 번째 코와 두 번째 코를 【왼코 겹쳐 2코 모아뜨기+걸기코】 해서 단춧구멍을 만든다.
➡ 【단춧구멍】 P.23

3

이후 코늘림하면서 양끝 2코 가터뜨기하는 메리야스뜨기로 12단을 뜬다. 표시에 사용한 안전핀 등은 왼쪽 대바늘에서 오른쪽 대바늘로 옮긴다. 최종적으로 오른쪽 뒤 12코, 오른쪽 소매 16코, 앞 23코, 왼쪽 소매 16코, 왼쪽 뒤 12코인 79코가 된다.
➡ 【코늘림】 P.20

| 몸판 | bodice |

4

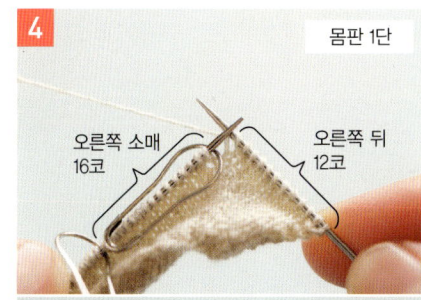

몸판 1단은 소매와 몸판을 나눈다. 오른쪽 뒤의 12코를 겉뜨기한 후 오른쪽 소매의 16코를 마커 등을 사용해 쉬게 해 놓는다.

Point

나중에 코를 줍기 쉽게 마커 등을 사용하는 방법을 추천한다. 실을 이용해서 쉬게 하면 코를 줍기 어렵고 코가 엉망이 되기 쉽다.

BASIC SWEATER

5

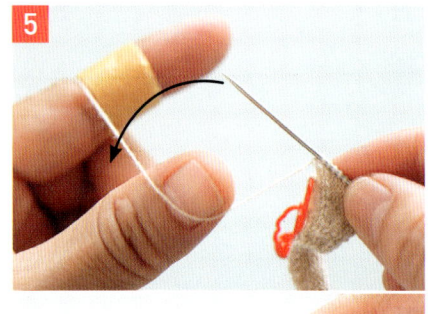
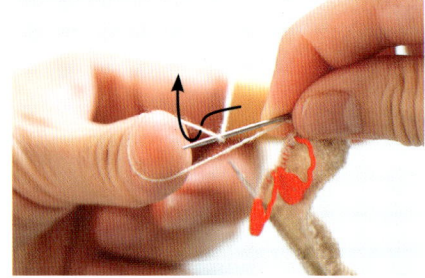
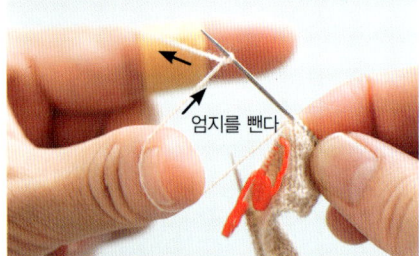

엄지를 뺀다

감아코
꽉 조인다

감아코로 코늘림 3코

겨드랑이가 되는 부분은 감아코로 3코 늘리고 몸판의 거싯을 만든다.
➡ 【감아코】 P.22

6

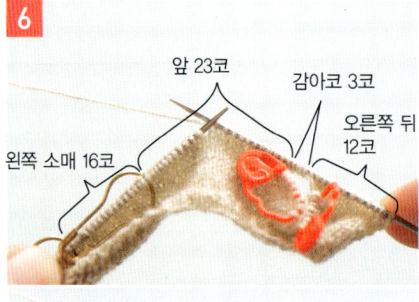

왼쪽 소매 16코   앞 23코   감아코 3코   오른쪽 뒤 12코

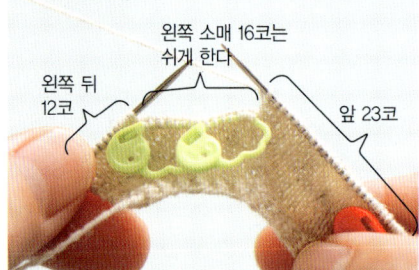

왼쪽 뒤 12코   왼쪽 소매 16코는 쉬게 한다   앞 23코

계속해서 앞판의 23코를 겉뜨기한 후 마찬가지로 왼쪽 소매의 16코를 쉬게 하고

7

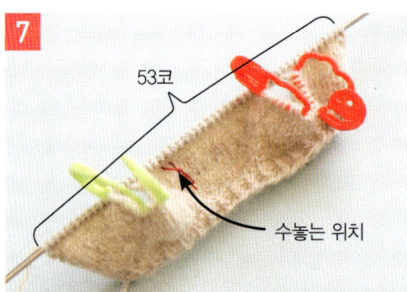

53코   수놓는 위치

감아코로 거싯이 되는 3코를 만들고 나머지 왼쪽 뒤의 12코를 겉뜨기한다. 이렇게 해서 몸판 부분은 총 53코가 된다.

> **Point**
> 뜨는 도중에 수놓는 위치에는 실 등으로 표시해 놓으면 좋다.

8

이후 양끝 2코 가터뜨기인 메리야스뜨기로 8단까지 뜬다.

9

몸판 9단   16코   16코   16코

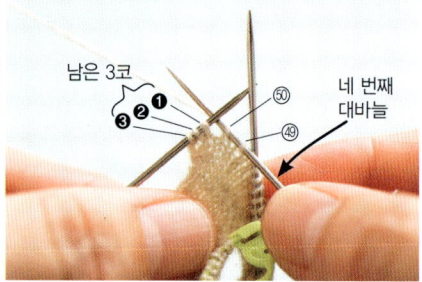

남은 3코   네 번째 대바늘   ❸❷❶   ㊾㊿

9단째는 원통뜨기하기 때문에 대바늘 4개에 16코, 16코, 16코, 2코로 나눠서 뜨고

10

❸❷❶   ㊾㊿   이 네 번째 대바늘로 그대로 뜬다

남은 3코 ❶~❸은 그대로 두고 대바늘 4개는 몸판의 안쪽끼리 마주 보게 해서 원통 모양으로 만든다.

11

먼저 ①❶에 오른쪽 대바늘 (네 번째 대바늘)을 넣고
❸❷❶   ③②①
몸판 10단

그대로 2코를 함께 겉뜨기한다 → ①
❸❷   ㊾㊿   ③②

10에서 남긴 3코 ❶~❸과 첫 번째 대바늘의 뜨개 시작 부분 3코 ①~③을 각각 1코씩 맞춰서 뜨고 양끝을 연결해서 원통으로 만든다. 먼저 ①과 ❶에 사진처럼 네 번째 대바늘을 넣고 2코를 함께 겉뜨기한다.

BASIC SWEATER

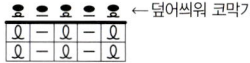 | 밑단 | hem |

12 ②와 ❷, ③과 ❸도 같은 요령으로 2코를 함께 겉뜨기한다

같은 요령으로 나머지 ②와 ❷, ③과 ❸도 2코씩 함께 뜬다. 이렇게 해서 원통이 되었다. 3코가 줄었기 때문에 총 50코가 된다.
→ 이때 뜨개 시작 부분의 위치는 네 번째(=첫 번째) 대바늘의 세 번째 코에서 시작된다.

13 뜨개 시작 부분의 위치를 첫 번째 코로 되돌려 놓는다

계속해서 2단 정도 뜬 후 뜨개 시작 부분의 위치를 첫 번째 대바늘의 첫 번째 코로 되돌려 놓는다.
➡ 〈D 레그 워머 3〉 P.47 참조

14 13단째에 4코를 코늘림해서 54코로 만들고 18단까지 뜬 후 돌려 1코 고무뜨기로 4단을 뜨고 덮어씌워 코막음한다. 【돌려 1코 고무뜨기의 덮어씌워 코막음】
➡ 점프슈트의 경우, 여기에서 덮어씌워 코막음하지 않고 〈F 사루엘 팬츠 과정 2〉 P.59로 진행

【돌려 1코 고무뜨기의 덮어씌워 코막음】

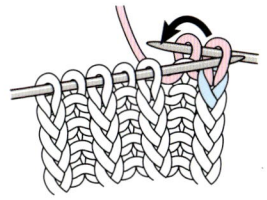

'돌려 1코 고무뜨기'를 덮어씌워 코막음하는 방법입니다. 아랫단이 돌려뜨기일 때는 같은 방법으로 꼰 후에 덮어씌웁니다.

첫 번째 코를 꼬아서 겉뜨기하고
두 번째 코를 안뜨기한 후
첫 번째 코를 두 번째 코에 덮어씌운다.

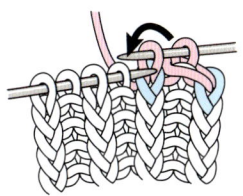

세 번째 코를 꼬아서 겉뜨기하고
두 번째 코를 세 번째 코에 덮어씌운다.

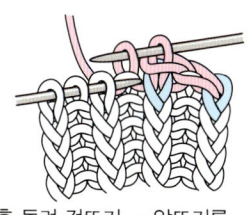

이후 돌려 겉뜨기 → 안뜨기를 번갈아 하면서 덮어씌운다.

15

① 처음에 덮어씌운 코 →
② 마지막에 덮어씌운 코

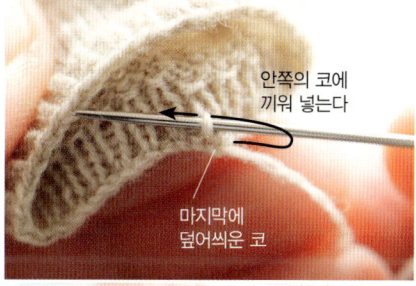

실을 15cm 정도 남기고 자른 후 코에서 빼고 각각의 실끝을 처리한다.

BASIC SWEATER

16

몸판 완성.

| 소매 | sleeves |

17   소매 1단

먼저 오른쪽 소매부터 뜬다. 4 에서 쉬게 해 놓은 16코를 대바늘 2개에 되돌려 놓는다.

18

코바늘을 넣어서 코를 줍는 부분

※ 쉽게 알아볼 수 있게 실의 색을 바꿨다

①번째 코의 실을 길게 빼놓은 상태로

다음의 ②번째 코를 빼내서

대바늘에 실을 꽉 조인다

겨드랑이 아래쪽부터 뜨기 시작한다. 거싯용으로 감아코한 부분에 코바늘을 넣어서 실을 빼내고 대바늘로 2코를 줍는다. 실끝은 15cm 정도 남겨 놓는다.

Point

주운 코의 방향은 늘 오른쪽이 앞으로 오게 해 놓는다.

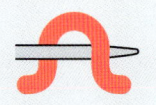

19

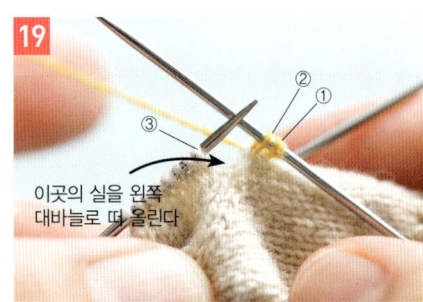

이곳의 실을 왼쪽 대바늘로 떠 올린다

떠 올린 실

오른쪽 대바늘을 넣어서

떠올린 실

③과 떠 올린 실을 함께 뜬다

아래쪽의 떠 올린 실은 꼬여 있다

겨드랑이와 몸판의 경계선에 구멍이 뚫리지 않게 걸친 실을 사진처럼 떠 올려서 다음 코 ③과 함께 뜬다. 이것이 세 번째 코.

Point

여기에서 떠 올린 실은 꼬아서(오른쪽 꼬기) 뜨게 되어 있다.

BASIC SWEATER

20 계속해서 3코를 뜬 후 대바늘을 두 번째로 바꾼다. 두 번째 대바늘로 6코를 뜨고 나면 세 번째 대바늘로 바꾼다.

21 ⑱의 코 방향을 바꿔서 오른쪽 대바늘로 옮긴다

이 실을 오른쪽 대바늘로 떠 올린다

세 번째 대바늘로 5코를 뜬 후 여섯 번째 코 ⑱은 뜨지 않고 코의 방향을 바꿔서 오른쪽 대바늘로 옮기고

22 오른쪽 대바늘로 떠 올려서

걸친 실을 오른쪽 대바늘로 사진처럼 떠 올린 후

23 떠 올린 실

⑱과 떠 올린 실에 왼쪽 대바늘을 넣어서 함께 뜬다

아래쪽의 떠 올린 실은 꼬여 있다

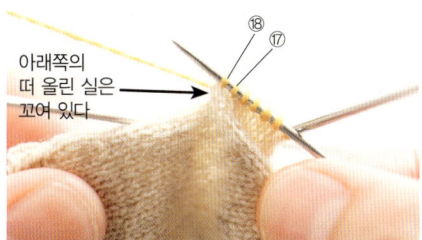

떠 올린 실과 뜨지 않고 오른쪽 대바늘로 옮긴 코 ⑱에 왼쪽 대바늘을 넣어서 그대로 함께 뜬다.

Point

여기에서 떠 올린 실은 꼬아서(왼쪽 꼬기) 뜨게 되어 있다.

24 ⑱ ⑲ 감아코에서 줍는다

19코 / 반팔의 경우 → **25**로

긴팔의 경우 메리야스뜨기로 28단을 뜬다

마지막으로 나머지 감아코에서 1코를 주워서 총 19코가 된다. 이것이 소매 1단.

→ 〈긴팔〉을 뜰 경우에는 그대로 소매를 원통으로 28단을 뜬다.

25

계속해서 소맷단을 덮어씌워 코막음하고, 밑단 **15**와 같은 요령으로 실끝을 처리한다.

➡ 【덮어씌워 코막음】 P.24
➡ 【원통뜨기의 덮어씌워 코막음】 P.25

BASIC SWEATER

26

겨드랑이 아래쪽 뜨개 시작 부분의 실끝도 처리한다. 같은 요령으로 왼쪽 소매도 뜬다.

27

수놓기 전에, 필요하다면 세탁 후 다림질해서 일단 모양을 정돈한다.
➡ 【마무리】 P.25

| 하트 자수 | embroidery |

28

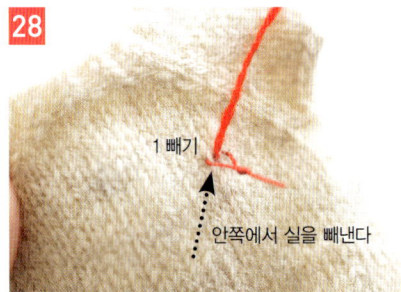
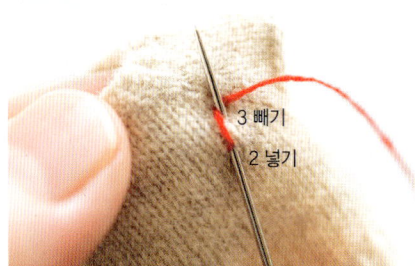
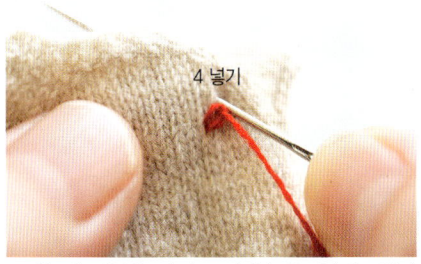

돗바늘에 털실을 꿰어 표시해 놓은 수놓는 위치의 코 주변에 수놓는다.

29 같은 방법으로 1 빼기 ~ 4 넣기를 반복한다

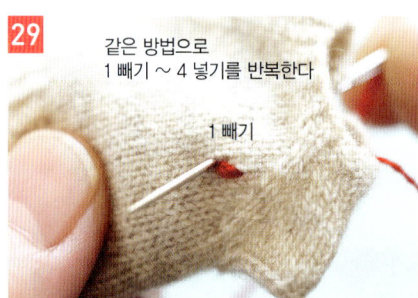
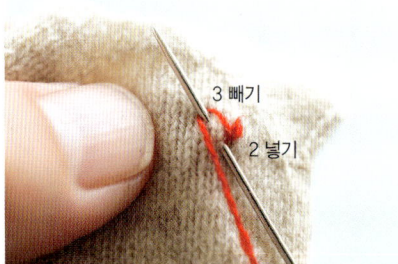

도안과 같은 작은 하트의 자수 외에 알파벳 등을 수놓아도 귀엽다.

30

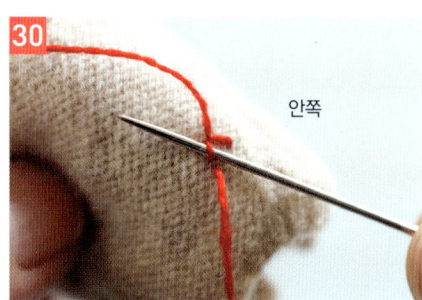

실끝은 안쪽에 걸쳐진 실에 감춰서 처리한다. 수놓은 부분도 다림질해서 정리한다.

| 단추 달기 | on a button |

31

단추 위치에 단추를 달면 완성!

자수실은 자신이 좋아하는 색상을 마음대로 선택하세요!

BASIC SWEATER

A 후드 달린 스누드
털실 18

E + F 점프슈트
털실 7 5 9

A 후드 달린 스누드
털실 16

E 기본 스웨터 긴팔
털실 6 5 9

F 사루엘 팬츠
털실 6 5

긴팔 버전은 귀엽게 보이도록 소매를 더 길게(28단) 변형해봤어요.
인형의 팔 길이에 맞춰 단수를 바꿔가며 만들어 보세요.

SAROUEL PANTS

SAROUEL PANTS

F | 사루엘 팬츠

| GRAY |

AVRIL '퓨어램 (2/24)'
A색 **6** L. 그레이 : 2g
B색 **5** 화이트 : 1g

| PINK |

호리존노캐시미어 '캐시미어 (2/26)'
A색 **20** 핑크 모쿠모쿠 : 2g
B색 **19** 화이트 : 1g

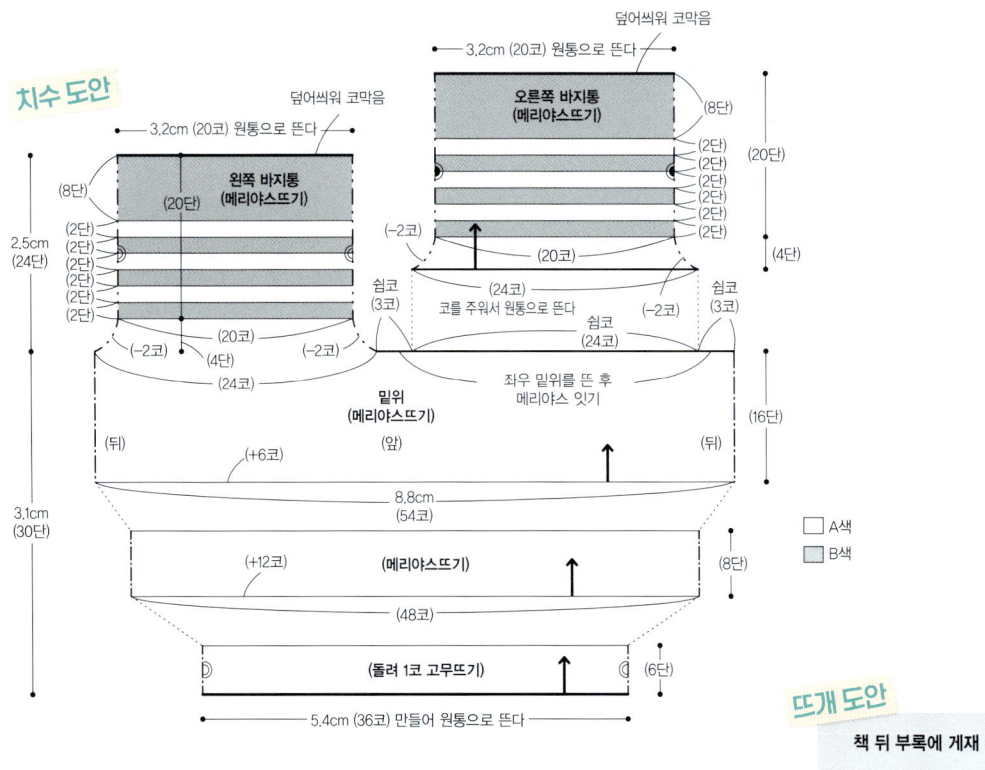

뜨개 도안

책 뒤 부록에 게재

SAROUEL PANTS

| 밑위 | rise |

1

A색을 이용해 시작코 36코를 만든 후 대바늘 4개로 12코, 12코, 10코, 2코로 나눠서 원통으로 뜨고, 2코가 걸려 있는 네 번째 대바늘로 2단을 뜨기 시작한다. 돌려 1코 고무뜨기로 5단을 뜨고 나면 뜨개 시작 부분의 위치를 첫 번째 대바늘의 첫 번째 코로 되돌려 놓는다.

➡ 【손가락에 걸어서 만드는 시작코】 P.17
➡ 〈D 레그 워머 **1**~**3**〉 P.47 참조

2

코늘림해 나가면서 메리야스뜨기로 24단을 뜬다. 총 54코가 된다.

➡ 【코늘림】 P.20
➡ 〈E 기본 스웨터 과정 **14**〉 P.53에 이어서 점프슈트를 뜰 경우에는 여기에서 메리야스뜨기로 14단을 뜬 후 다음의 3번으로 진행한다.

| 왼쪽 바지통 | left inseam |

3

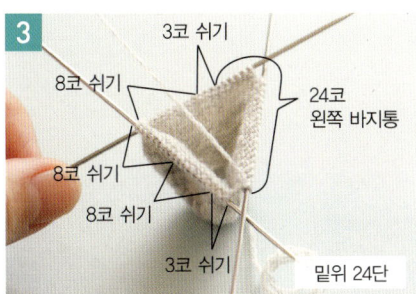

왼쪽 바지통부터 뜬다. 거싯이 되는 3코×2군데와 오른쪽 바지통이 되는 24코를 8코씩 마커 3개에 끼워서 각각 일단 쉬게 해 놓는다.

4

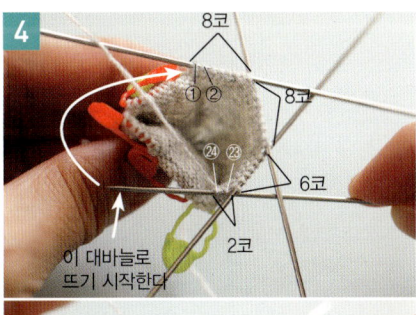

남은 24코를 대바늘 4개에 8코, 8코, 6코, 2코로 나눠서, **1** 과 같은 요령으로 밑위에 이어서 원통으로 뜬다.

5

2단과 4단에서 각각 2코씩 코를 줄여 20코로 만든다. 4단의 마지막 코를 줄이는 김에 뜨개 시작 부분 위치를 첫 번째 대바늘 첫 번째 코로 되돌려 놓는다.

➡ 【코줄임】 P.21

6

실의 색을 바꿔 가며 24단을 뜬 후 밑단을 덮어씌워 코막음하고, 오른쪽 바지통을 뜰 때 방해되지 않게 겸자 등을 사용해 일단 안으로 끌어넣어 놓는다.

➡ 【덮어씌워 코막음】 P.24
➡ 【원통뜨기의 덮어씌워 코막음】 P.25

| 오른쪽 바지통 | right inseam |

7

3 에서 쉬게 해 놓은 24코를 각각 대바늘 3개에 되돌려 놓는다. 거싯의 3코×2군데는 그대로 쉬게 해 놓는다.

8

가랑이의 거싯을 잇기 위해 실끝을 20㎝ 정도 남겨 놓은 실로, 실을 대는 위치에서 뜨기 시작하여 왼쪽 바지통과 같은 요령으로 24단을 뜨고 밑단을 덮어씌워 코막음한다.

SAROUEL PANTS

| 가랑이 | crotch |

9

왼쪽 바지통 오른쪽 바지통
빼낸다
오른쪽 바지통 뜨개 시작 부분의 실
마커의 대바늘 방향

8에서 남겨 놓은 실끝을 겉쪽으로 빼내서 오른쪽으로 오게 한다. 이때 마커는 사진의 방향으로 바꿔 놓는다.

10

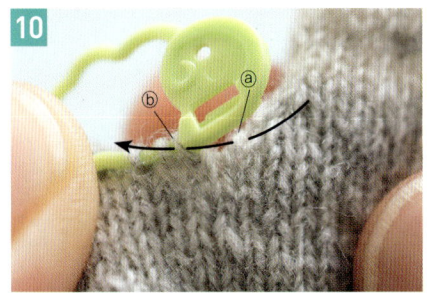

ⓑ코의 방향 ⓐ코의 방향
오른쪽 앞쪽 왼쪽 앞쪽

실을 당긴다
※ 쉽게 알아볼 수 있게 실의 색상을 바꿨다

돗바늘에 실을 꿴 후 먼저 앞쪽에 있는 쉼코 옆의 코 ⓐ에 위쪽에서 바늘을 넣고 그대로 옆의 쉼코 ⓑ의 아래쪽으로 바늘을 빼낸다. 바늘을 빼낼 때마다 실을 당겨준다.

11

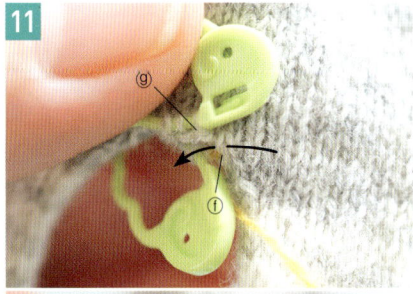

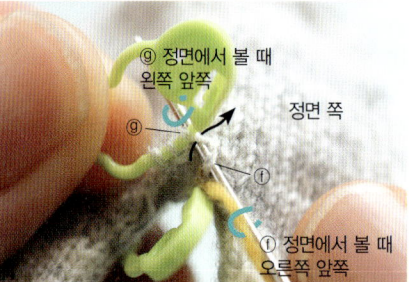

ⓖ 정면에서 볼 때 왼쪽 앞쪽
정면 쪽
ⓕ 정면에서 볼 때 오른쪽 앞쪽

실을 당긴다

다음으로 뒤쪽 쉼코 옆의 코 ⓕ에 위쪽에서 바늘을 넣고 그대로 옆의 쉼코 ⓖ의 아래쪽으로 바늘을 빼낸다.

12

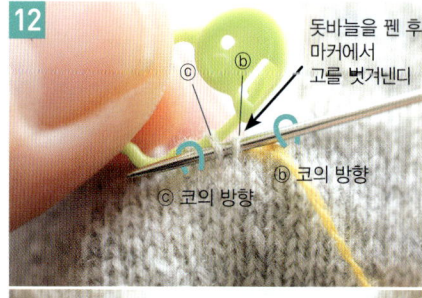

돗바늘을 꿴 후 마커에서 고를 벗겨낸다
ⓒ 코의 방향
ⓑ 코의 방향

그때마다 꽉 조인다

다시 앞쪽 쉼코 ⓑ의 위쪽에서 바늘을 넣은 후 옆의 쉼코 ⓒ의 아래쪽으로 바늘을 빼낸다. 이 시점에서 쉼코 ⓑ는 마커에서 벗겨낸다.

13

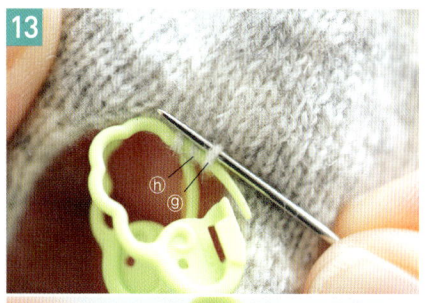

ⓗ 코의 방향
돗바늘에 꿴 후 마커에서 코를 벗겨낸다
ⓖ 코의 방향

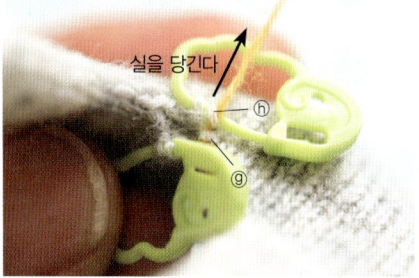

실을 당긴다

계속해서 뒤쪽 쉼코 ⓖ의 위쪽에서 바늘을 넣고 옆의 쉼코 ⓗ의 아래쪽으로 바늘을 빼낸다. 이 시점에서 쉼코 ⓖ는 마커에서 벗겨낸다.

14

12 13을 반복한다. 그때마다 실을 당겨주면 느슨해지지 않는다.

SAROUEL PANTS

15 돗바늘을 꿴 후 마커에서 코를 벗겨 낸다

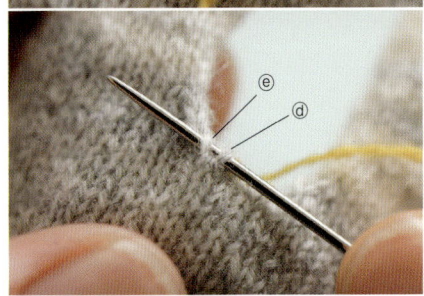

앞쪽의 마지막 쉼코 ⓓ의 위쪽에서 바늘을 넣고 옆의 코 ⓔ의 아래쪽으로 바늘을 빼낸다. 뒤쪽의 마지막 쉼코 ⓘ의 위쪽에서 바늘을 넣고 옆의 코 ⓙ의 아래쪽으로 바늘을 빼낸다.

16 실끝은 안쪽으로

마지막은 실을 안쪽으로 빼내서 각각의 실끝을 처리한다.

➡ 점프슈트를 뜰 경우에는 여기에서 〈E 기본 스웨터 / 과정 17〉 P.54로 돌아가 소매를 뜬다.

17

필요한 경우, 세탁 후 다림질해서 마무리하면 완성!

➡【마무리】P.25

COVERALLS

E+F | 점프슈트

E '기본 스웨터'의 밑단에 '사루엘 팬츠'를 연결해 뜨는 '점프슈트'의 응용입니다.

| BEIGE |

AVRIL '퓨어램 (2/24)'
A색 ❼ L. 베이지 : 3g
B색 ❺ 화이트 : 1g
자수 ❾ 스칼릿

| GRAY |

카시미야 '캐시미어 (2/26)'
A색 ⓭ F55 : 3g
B색 ⓫ F700 : 1g
AVRIL '퓨어램 (2/24)'
자수 ❾ 스칼릿

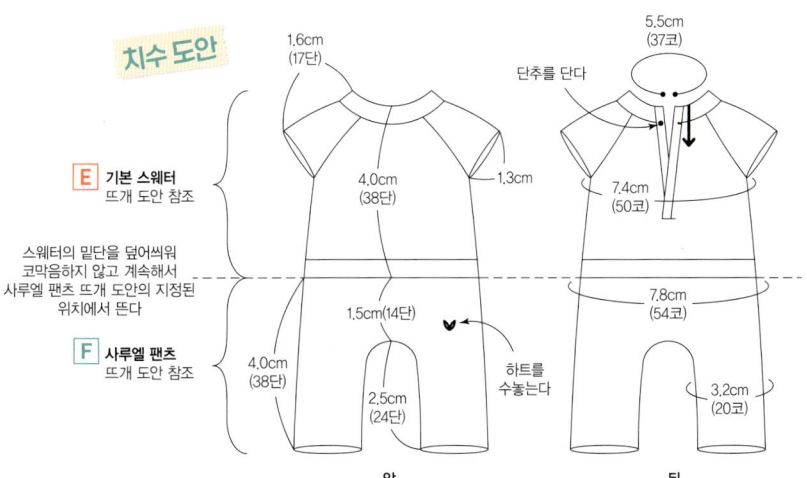

치수 도안

61

HONEYCOMB SWEATER

G | 벌집무늬 스웨터

| FRONT |
AVRIL '퓨어램 (2/24)'
7 L. 베이지 : 3g

| BACK |
카시미야 '캐시미어 (2/26)'
12 F145 : 3g

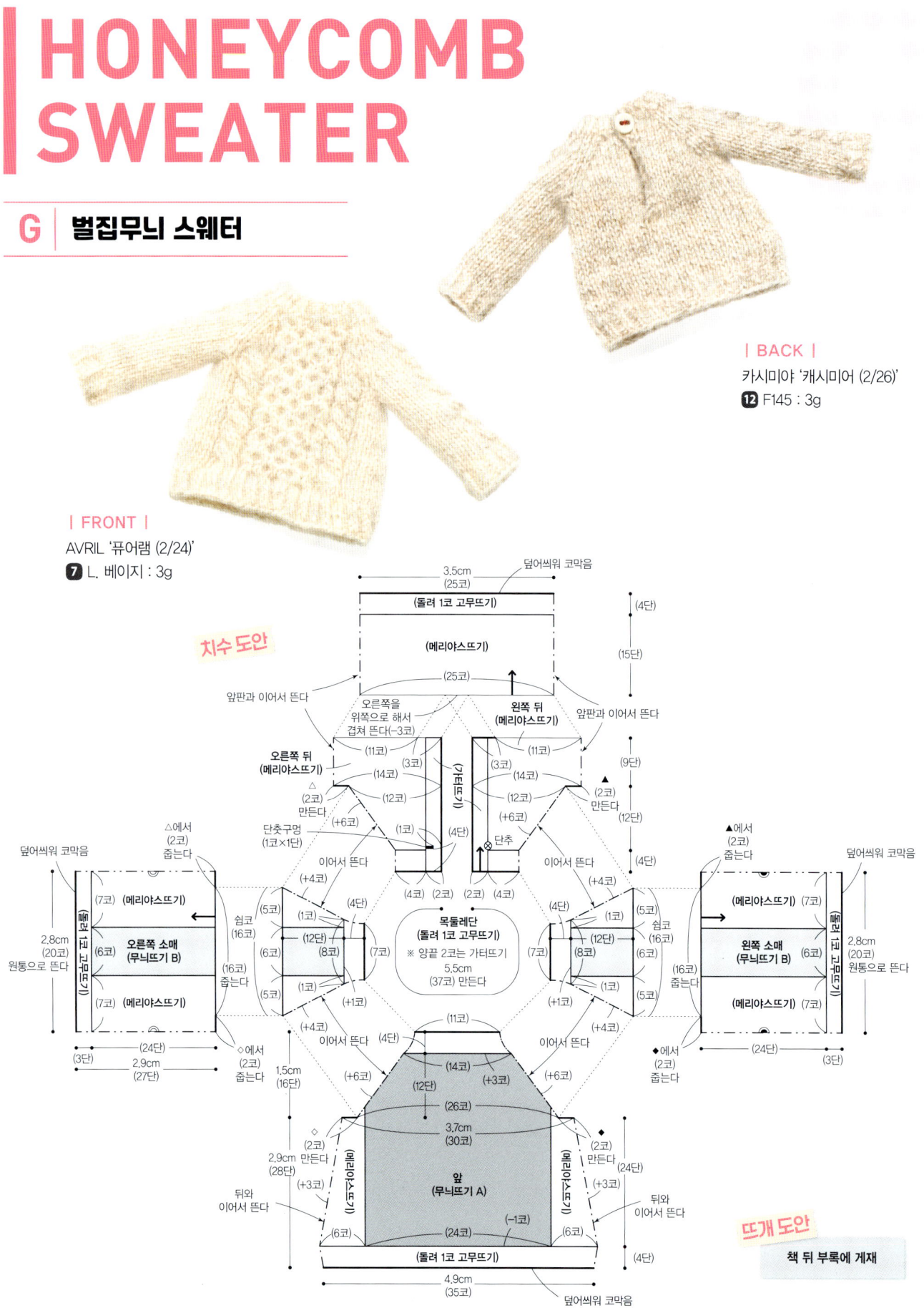

뜨개 도안
책 뒤 부록에 게재

HONEYCOMB SWEATER

| 목둘레단 | neckline |

1
시작코 37코를 만들어, 양끝 2코 가터뜨기인 돌려 1코 고무뜨기로 3단을 뜬다.
➡ 【손가락에 걸어서 만드는 시작코】 P.17

Point
여기에서 오른쪽 뒤 6코, 오른쪽 소매 7코, 앞 11코, 왼쪽 소매 8코, 왼쪽 뒤 6코의 경계선에 마커나 안전핀 등으로 표시해 놓으면 알아보기 쉽다.

| 요크 | yoke |

2
요크 1단은 첫 번째 코와 두 번째 코를 【오른코 겹쳐 2코 모아뜨기+걸기코】해서 단춧구멍을 만든다. 코를 늘려 가며 메리야스뜨기와 무늬뜨기 A, B를 뜬다.
➡ 【단춧구멍】 P.23
➡ 【코늘림】 P.21

3
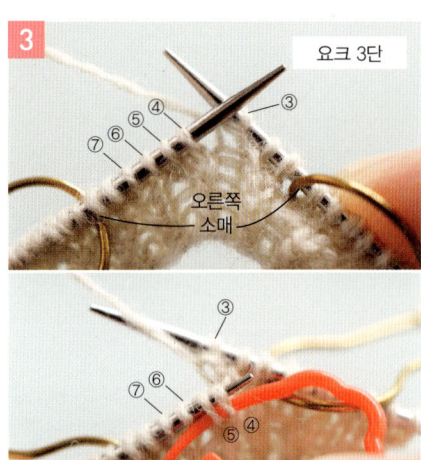

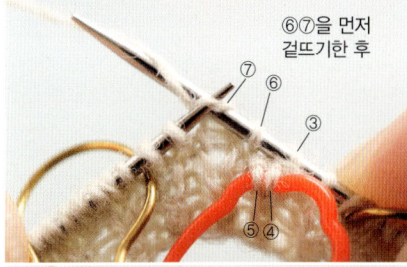

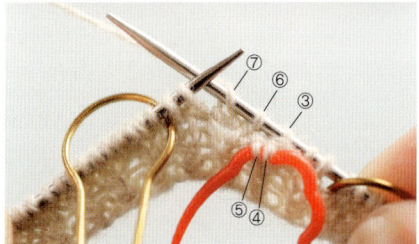

소매는 4단 간격으로 케이블무늬(=꽈배기무늬)가 되도록 교차뜨기한다. 3단은 소매의 3코를 뜬 후 다음 2코 ④⑤를 마커로 옮겨 앞쪽에서 쉬게 하고, 그다음의 2코 ⑥⑦을 겉뜨기한 후

4

쉬게 한 2코 ④⑤를 왼쪽 대바늘에 되돌려서 겉뜨기한다.
【오른코 위 2코 교차뜨기】
➡ 【교차뜨기】 P.23

【오른코 위 2코 교차뜨기】

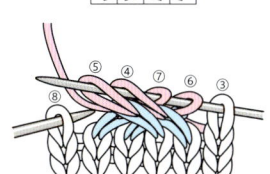

'교차뜨기'의 4코 중 오른쪽 2코를 마커에 옮겨 앞쪽에서 쉬게 한다. 왼쪽 2코를 먼저 뜨고 그 후 오른쪽 2코를 순서대로 뜬다.

5
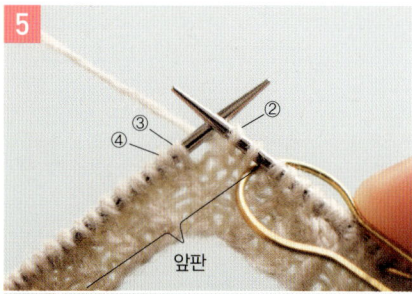

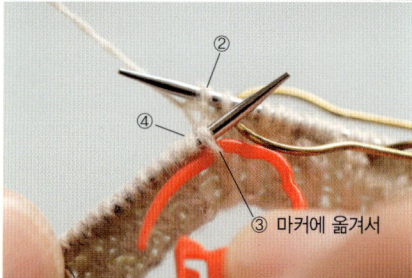

앞판에는 홀수 단마다 벌집무늬가 되도록 교차뜨기한다. 3단은 앞판의 2코를 뜬 후 다음의 1코 ③을 마커에 옮겨 뒤쪽에서 쉬게 하고

6
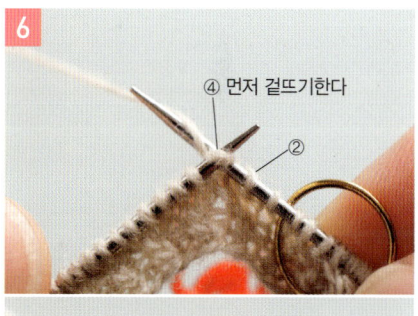

그다음 1코 ④를 겉뜨기한다.

HONEYCOMB SWEATER

7
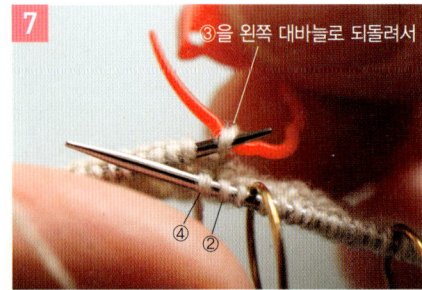

쉬게 해 놓은 1코 ③을 왼쪽 대바늘로 되돌려서 겉뜨기한다.
➡ 【왼코 위 1코 교차뜨기】 P.23

8
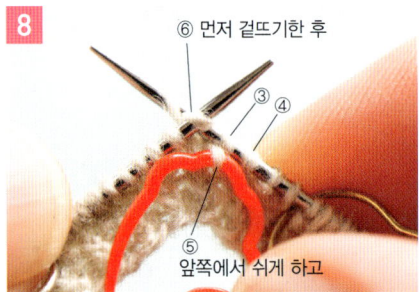
계속해서 이번에는 다음 1코 ⑤를 마커에 옮겨 앞쪽에서 쉬게 하고 그다음 1코 ⑥을 겉뜨기한다.

9

쉬게 해 놓은 1코 ⑤를 왼쪽 대바늘로 되돌려서 겉뜨기한다.
➡ 【오른코 위 1코 교차뜨기】 P.23

10
5 ~ 9 를 반복한다.

11
이후 코늘림과 교차뜨기를 해 가면서 12단을 뜬다.

| 몸판 | bodice |

12
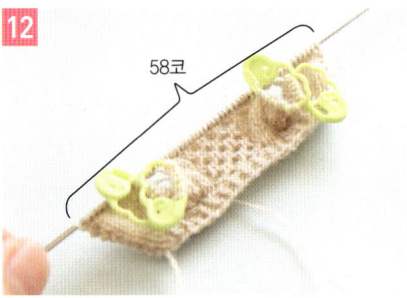
몸판 1단은 오른쪽 소매 16코, 왼쪽 소매 16코를 마커에서 쉬게 하고, 감아코로 겨드랑이의 거싯용으로 각각 4코를 코늘림한다. 이렇게 해서 몸판은 58코가 된다.
➡ 〈 E 기본 스웨터 4 ~ 7 〉 P.51 참조
여기부터 벌집무늬의 양끝에도 케이블무늬(파배기무늬)를 넣는다.

13
7단은 코늘림해서 60코로 만든다.

14
9단은 원통으로 만들기 위해 대바늘 4개로 각각 18코, 19코, 18코, 2코로 나눠 가며 뜨고 마지막 3코는 뜨지 않고 남긴다.

15
10단은 안쪽끼리 마주 보게 원통으로 만들고 나서, 마지막 3코와 남겨 놓은 3코를 연결한다. 여기에서 몸판은 57코가 된다.
➡ 〈 E 기본 스웨터 9 ~ 13 〉 P.52 참조

16
12단과 17단에서 코늘림해서 61코로 만들고 24단까지 뜬다. 다음, 밑단을 첫 단에서 1코를 줄여 60코로 만든다. 돌려 1코 고무뜨기로 4단을 뜨고 덮어씌워 코막음해서 실끝을 처리한다.
➡ 【돌려 1코 고무뜨기의 덮어씌워 코막음】 P.53
➡ 【원통뜨기의 덮어씌워 코막음】 P.25

| 소매 | sleeves |

17
오른쪽 소매부터 뜬다. 쉬게 해 놓은 16코를 대바늘로 되돌려 거싯의 감아코에서도 처음 2코, 마지막 2코를 주워서 20코로 만든다.
➡ 〈 E 기본 스웨터 17 ~ 24 〉 P.54 참조

18
교차뜨기해 나가며 24단을 원통으로 뜬다. 소맷단을 돌려 1코 고무뜨기로 3단 뜬 후 덮어씌워 코막음하고 실끝을 처리한다. 같은 요령으로 왼쪽 소매도 뜬다.

19

단추를 달기 전, 필요한 경우에 세탁과 다림질을 해서 마무리한다.
➡ 【마무리】 P.25

| 단추 달기 | on a button |

20

단추 위치에 단추를 달면 완성!

HONEYCOMB SWEATER

G 벌집무늬 스웨터
털실 **12**

M 데님 팬츠

N 스니커즈

소매와 몸판의 케이블무늬는 모두 오른코 위 교차뜨기입니다. 앞판의 벌집무늬에서
오른코 위 교차뜨기와 왼코 위 교차뜨기를 혼동하면 무늬가 예쁘게 나오지 않으므로 주의하세요.

HONEYCOMB DRESS & ROMPERS

H 벌집무늬 원피스 & 롬퍼스

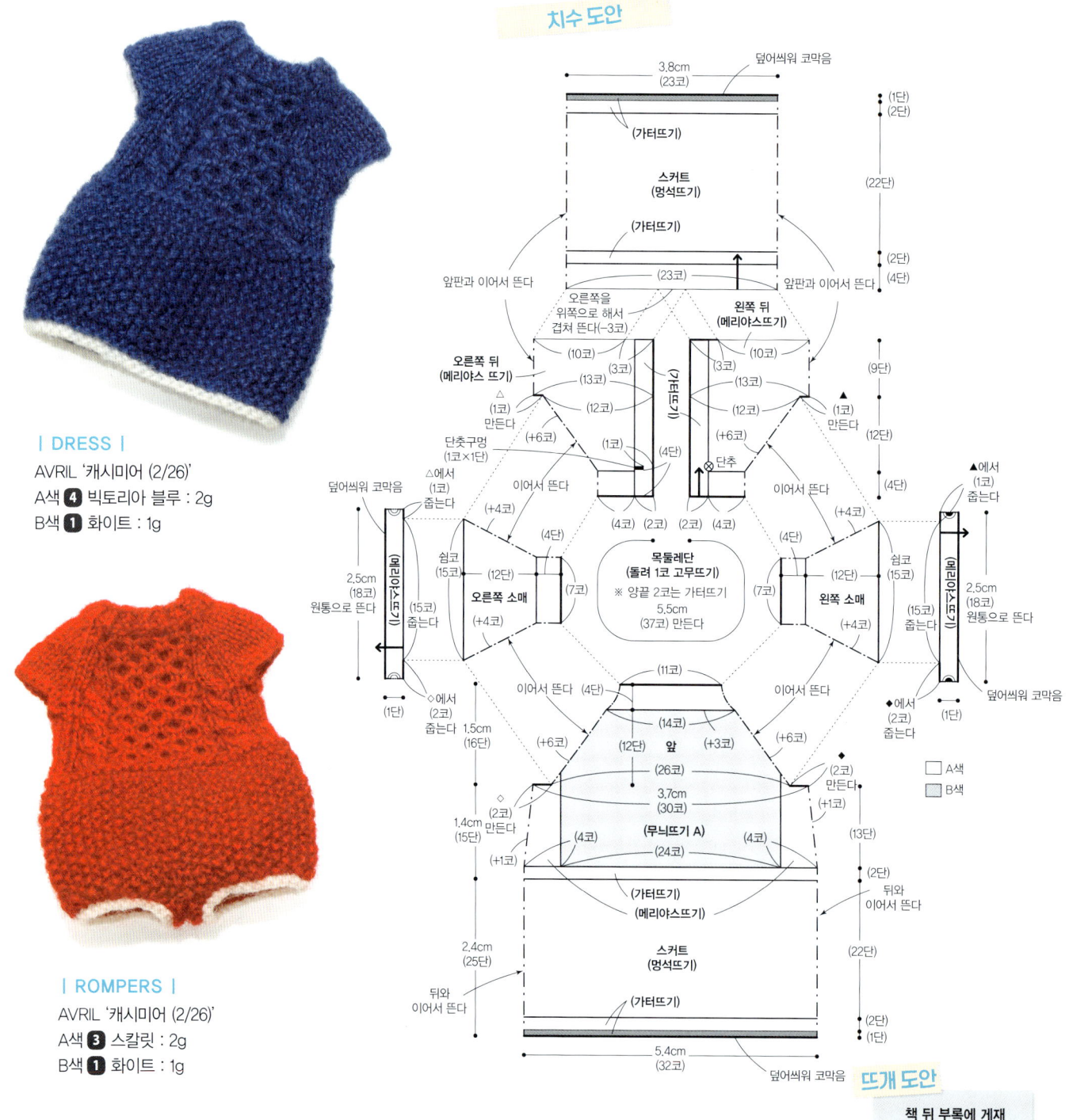

| DRESS |

AVRIL '캐시미어 (2/26)'
A색 ④ 빅토리아 블루 : 2g
B색 ① 화이트 : 1g

| ROMPERS |

AVRIL '캐시미어 (2/26)'
A색 ❸ 스칼릿 : 2g
B색 ① 화이트 : 1g

HONEYCOMB DRESS & ROMPERS

| 목둘레단 | neckline |

1
A색을 사용해 시작코를 37코 만들고, 양끝 2코 가터뜨기인 돌려 1코 고무뜨기를 3단 뜬다.
➡ 【손가락에 걸어서 만드는 시작코】 P.17

Point
여기에서 오른쪽 뒤 6코, 오른쪽 소매 7코, 앞 11코, 왼쪽 소매 7코, 왼쪽 뒤 6코의 경계선에 마커나 안전핀 등으로 표시해 놓으면 알아보기 쉽다.

| 요크 | yoke |

2
요크 1단은 첫 번째 코와 두 번째 코를 【오른코 겹쳐 2코 모아뜨기+걸기코】해서 단춧구멍을 만든다.
➡ 【단춧구멍】 P.23

3
이후 코늘림과 교차뜨기해가며 메리야스뜨기와 무늬뜨기로 12단을 뜬다.
➡ 〈[6] 벌집무늬 스웨터 [5]~[11]〉 P.63 참조

| 몸판 | bodice |

4
몸판 1단은 오른쪽 소매 15코, 왼쪽 소매 15코를 마커에서 쉬게 하고, 감아코로 겨드랑이 거짓용으로 각각 3코를 코늘림한다. 이렇게 해서 몸판은 56코가 된다.
➡ 〈[E] 기본 스웨터 [4]~[7]〉 P.51 참조

5
9단은 원통뜨기하기 위해 대바늘 4개에 16코, 19코, 16코, 2코로 나눠가며 뜨고, 마지막 3코는 뜨지 않고 남긴다.

6
10단은 안쪽끼리 마주 보게 원통으로 만든 후 처음 3코와 남긴 3코를 연결한다. 여기에서 몸판은 53코가 된다.
→ 〈[E] 기본 스웨터 [9]~[13]〉 P.52 참조

7
12단에서는 코늘림해서 2코를 늘려 55코로 만들고 13단까지 뜬다. 계속해서 허리로 전환되는 가터뜨기 2단을 뜬다.
➡ 원피스는 [8] 로, 롬퍼스는 [9] 로 진행

| 원피스 | DRESS |
| 스커트 | skirt |

8
원피스의 경우에는 멍석뜨기로 22단, 밑단의 가터뜨기 2단을 뜬 후 실을 B색으로 바꿔서 1단을 뜨고 덮어씌워 코막음해서 실을 처리한다.
➡ 【안뜨기의 덮어씌워 코막음】 P.68
➡ 【원통뜨기의 덮어씌워 코막음】 P.25
➡ 원피스는 [16] 으로 진행한다.

| 롬퍼스 | ROMRERS |
| 밑위 | rise |

9
롬퍼스의 경우에는 멍석뜨기로 17단을 뜬 후 18단에서 1코를 늘려 56코로 만들어 19단까지 뜬다.

| 왼쪽 바지통 | left inseam |

10
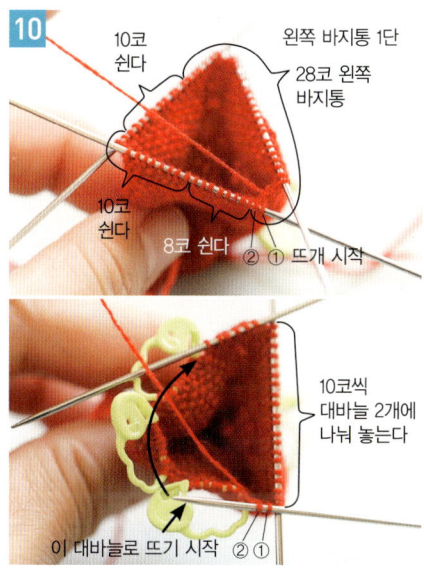

먼저 왼쪽 바지통부터 뜬다. 처음 2코만 뜨고, 이어서 오른쪽 바지통이 되는 28코를 마커 3개에 8코, 10코, 10코로 나눠서 쉬게 해 놓는다.

11
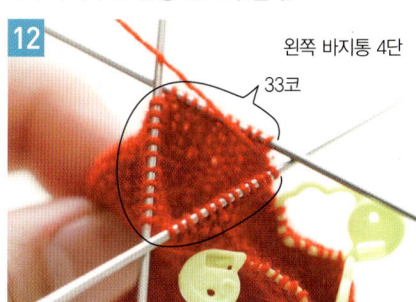

앞에서 뜬 2코에 이어서 가랑이의 거짓이 되는 부분을 감아코로 5코 늘리고 원통으로 만들어 다시 6코를 뜬 후 나머지 20코를 대바늘 2개에 10코씩 나눠서 뜬다. 총 33코가 된다.

12
왼쪽 바지통 4단까지 멍석뜨기한다.

치수 도안 / 롬퍼스(바지 부분)

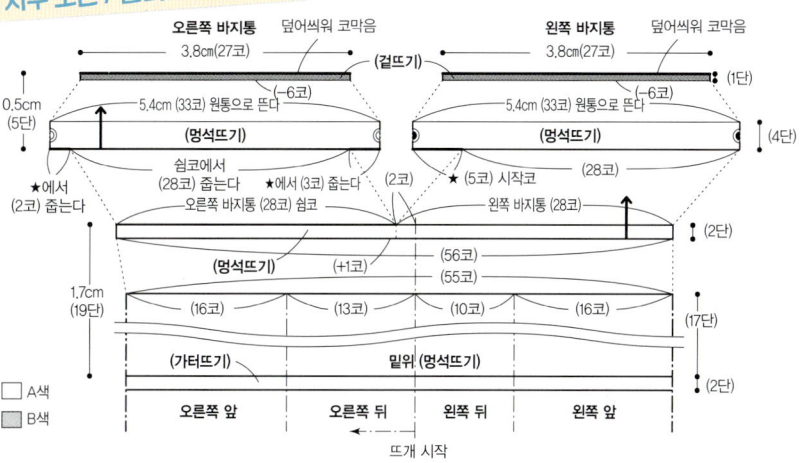

HONEYCOMB DRESS & ROMPERS

13

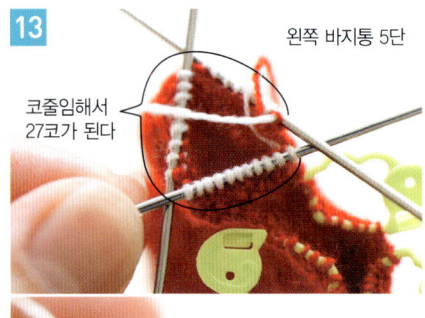

코줄임해서 27코가 된다
왼쪽 바지통 5단

한 번 묶고 나서 실끝을 처리한다

실을 B색으로 바꿔서 코줄임해 가며 1단을 뜬 후 덮어씌워 코막음해서 실끝을 처리한다. 실을 바꾼 부분은 한 번 묶고 나서 처리한다.
➡ 【코줄임】 P.21

Point
원피스 및 롬퍼스의 밑단과 소맷단은 안뜨기로 덮어씌워 코막음한다.

| 오른쪽 바지통 | right inseam |

14

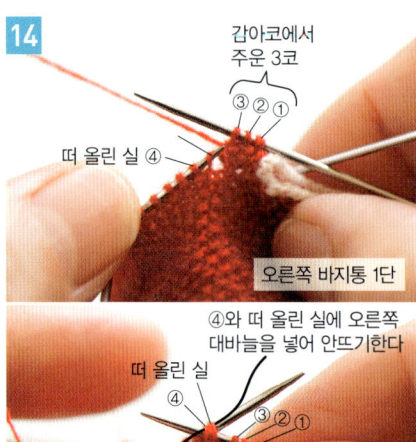

감아코에서 주운 3코
③②①
떠 올린 실 ④
오른쪽 바지통 1단
④와 떠 올린 실에 오른쪽 대바늘을 넣어 안뜨기한다

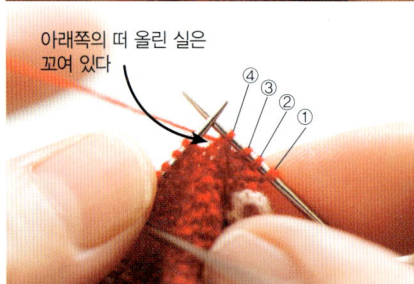

떠 올린 실
④③②①

아래쪽의 떠 올린 실은 꼬여 있다
④③②①

10 에서 쉬게 해 놓은 28코를 각각 대바늘 3개에 되돌리고, 가랑이 거싯 부분의 감아코에서도 처음에 3코, 마지막에 2코를 주워서 33코로 만든다.
➡ 〈E 기본 스웨터 18 ~ 24〉 P.54 참조
네 번째 코는 떠 올린 실과 네 번째 코에 그대로 오른쪽 대바늘을 넣어서 2코를 함께 안뜨기한다.

Point
여기에서 떠 올린 실은 꼬아서(오른쪽 꼬기) 뜨게 되어 있다.

15

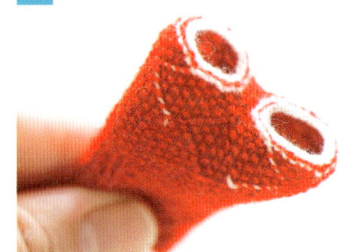

왼쪽 바지통과 같은 요령으로 뜬 후 각각의 실끝을 처리한다.
➡ 롬퍼스는 여기까지. 이어서 **16** 으로 진행한다.

| 소매 | sleeves |

16

오른쪽 소매부터 뜬다. 쉬게 해 놓은 15코를 대바늘에 되돌려서, A색으로 거싯의 감아코에서도 처음에 1코, 마지막에 2코를 주워서 18코로 만든다.
➡ 〈E 기본 스웨터 17 ~ 24〉 P.54 참조

17

계속해서 소맷단을 덮어씌워 코막음한 후 실끝을 처리한다. 같은 요령으로 왼쪽 소매도 뜬다.

18

단추를 달기 전, 필요하다면 세탁과 다림질을 해서 마무리한다.
➡ 【마무리】 P.25

| 단추 달기 | on a button |

19

단추 위치에 단추를 달면 완성!

【안뜨기의 덮어씌워 코막음】 ••• ← 안뜨기로 덮어씌워 코막음하는 방법입니다. 겉뜨기의 덮어씌워 코막음(P.24)과 같은 요령으로 2코를 뜬 후 앞의 코를 다음 코에 덮어씌우기를 반복하고 마지막에는 실을 잘라서 빼냅니다.

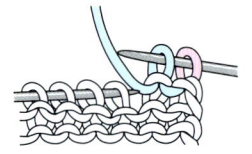   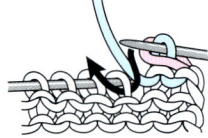 

처음 2코를 안뜨기한 후 왼쪽 대바늘을 첫 번째 코에 끼워 넣고 | 첫 번째 코를 두 번째 코에 덮어씌운다(덮어씌우기). | 다음 코도 안뜨기해서 앞의 코를 덮어씌운다. | 같은 요령으로 덮어씌우고 마지막은 실을 잘라서 빼낸다.

HONEYCOMB DRESS & ROMPERS

C 케이프 / 털실 21
I 미튼 / 털실 19
H 벌집무늬 롬퍼스 / 털실 21 19

목둘레단에서 허리가 시작되기 전까지 B색으로 가터뜨기를 하면
상하의의 색이 다른 투피스풍으로 완성됩니다.

MITTENS

미튼(손모아장갑)

| WHITE |
호리즌노캐시미어 '캐시미어 (2/26)'
19 화이트 : 1g

| RED |
AVRIL '캐시미어 (2/26)'
3 스칼릿 : 1g

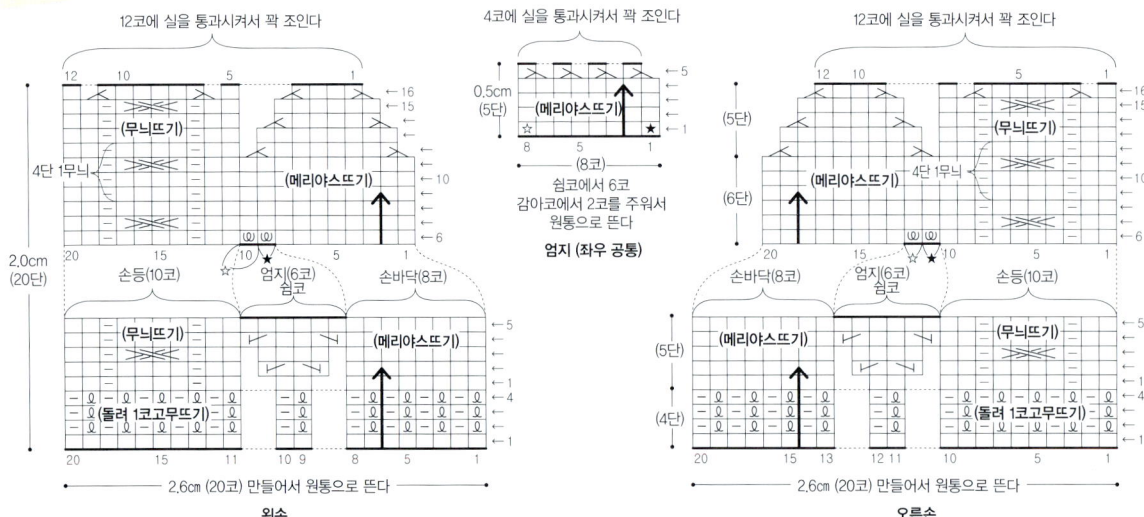

MITTENS

| 왼쪽 손목 | left wrist |

1

왼손부터 뜬다. 시작코 20코를 만든 후 대바늘 4개에 6코, 6코, 6코, 2코로 나눠서 원통으로 만들고 2코가 걸려 있는 네 번째 대바늘로 2단을 뜨기 시작한다. 돌려 1코 고무뜨기로 3단을 뜬 후 뜨개 시작 부분의 위치를 첫 번째 바늘의 첫 번째 코에 되돌려 놓는다.

➡ 〈 D 레그 워머 1 ~ 3 〉 P.47 참조

| 왼쪽 손바닥 | left palm |

2

코늘림과 교차뜨기해가며 엄지가 시작되는 부분까지 5단을 뜬다.

3

6단은 엄지의 6코를 마커에서 쉬게 하고, 감아코로 엄지가 시작되는 부분의 거싯용으로 2코를 코늘림한다.

➡ 【코늘림】 P.22

4

12코
쉼코 6코

이후 교차뜨기와 코줄임해가며 16단을 뜬다.

➡ 【교차뜨기】 P.23
➡ 【코줄임】 P.21

5

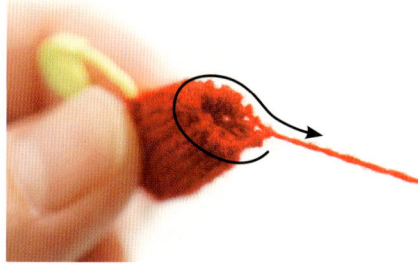

실끝을 15㎝ 정도 남기고 자른 후 돗바늘로 나머지 12코에 실을 통과시키고

6

돗바늘의 뒤부터 넣으면 중간에서 걸리지 않는다

손끝 부분을 꽉 조인다

손끝 부분에서 안쪽으로 돗바늘을 넣고 실을 당겨 손끝 부분을 꽉 조인다.

| 왼손 엄지 | left finger |

7

3에서 쉬게 해 놓은 6코를 대바늘에 되돌리고 거싯의 감아코에서도 처음에 1코, 마지막에 1코를 주워서 8코로 만든다.

➡ 〈 E 기본 스웨터 18 ~ 24 〉 P.54 참조

8

원통으로 만들어서 4단까지 뜬 후 5단에서 코줄임하여 4코로 만든다.

9

손끝 부분을 꽉 조인다

5 6 과 같은 요령으로 손끝을 꽉 조여서 안쪽으로 실을 빼낸다.

10

겸자 등을 사용해 안쪽이 밖으로 나오게 뒤집는다. 이어서 손끝의 12코, 엄지의 4코를 각각 안쪽에서 한 바퀴씩 실을 통과시켜 꽉 조이고 각각의 실끝을 처리한다.

| 오른손 | right hand |

11

왼손과 같은 요령으로 좌우 대칭으로 뜬다. 단 케이블무늬 부분은 왼손과 같이 오른코 위 2코 교차뜨기로 떠도 된다.

12

필요한 경우, 세탁과 다림질로 마무리하면 완성.
➡ 【마무리】 P.25

FAIR ISLE SQUARE HAT

J | 페어아일무늬 스퀘어 모자

| YELLOW |

호리즌노캐시미어 '캐시미어 (2/26)'
A색 ㉒ 만다린 오렌지 : 2g
B색 ⑲ 화이트 : 1g
C색 ㉓ 브라운 : 1g

| RED |

AVRIL '퓨어램 (2/24)'
A색 ⑨ 스칼릿 : 2g
B색 ⑤ 화이트 : 1g
C색 ⑩ 네이비 : 1g

뜨개 도안 & 치수 도안

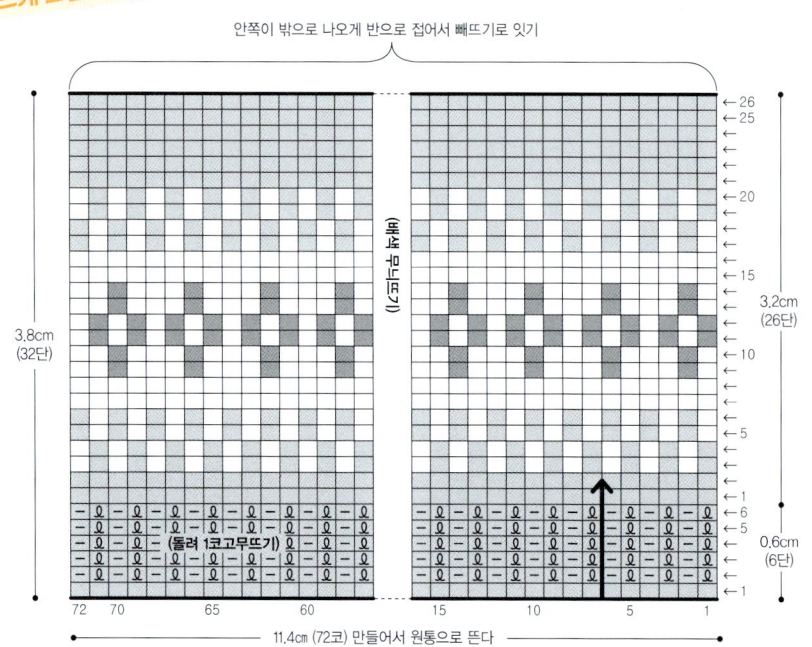

뜨개코 기호

□ = **|** 겉뜨기
− 안뜨기
Q 돌려뜨기
▨ A색
□ B색
▧ C색

FAIR ISLE SQUARE HAT

| 머리둘레 | rib |

1

A색을 사용해 시작코를 72코 만든 후, 대바늘 4개에 24코, 24코, 22코, 2코로 나눠서 원통으로 만들고 2코가 걸려 있는 네 번째 대바늘로 2단을 뜨기 시작한다. 돌려 1코 고무뜨기로 5단을 뜬 후 뜨개 시작 부분의 위치를 첫 번째 대바늘의 첫 번째 코에 되돌려 놓는다.

➡ 〈 D 레그 워머 1 ~ 3 〉 P.47 참조

| 모자 | cap |

2

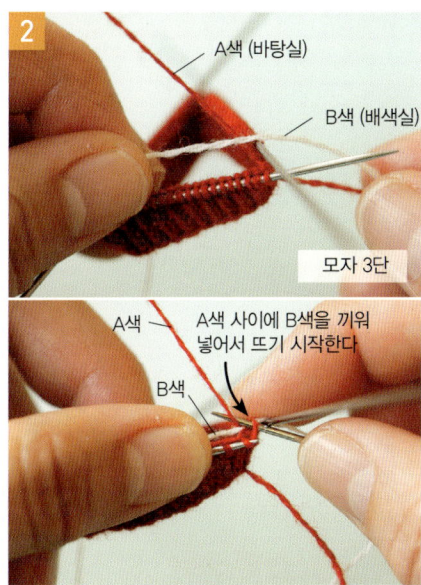

메리야스뜨기로 2단을 뜬 후 3단부터 배색무늬를 넣는다. 각 단의 뜨개 시작 부분은 바탕실 A색의 위에 배색실 B색을 겹쳐서 A색 사이에 B색을 끼워 넣은 후 뜨기 시작한다.

3

두 번째 코의 배색실 B색을 뜰 때는 바탕실 A색의 위쪽에서 B색을 가져와 뜬다.

4

세 번째 코의 바탕실 A색을 뜰 때는 배색실 B색의 아래쪽에서 A색을 가져와 뜬다. 가로로 실을 걸치는 경우(가로 배색무늬 뜨기) 안쪽에서 실이 교차하지 않게 바탕실은 아래쪽, 배색실은 위쪽에 실이 걸리게 한다.

5

같은 요령으로 6단까지 뜬다.

6

계속해서 B색으로 2단을 뜨고, 9단은 **2** 와 마찬가지로 B색 사이에 C색을 끼워 넣은 후 B색으로 첫 번째 코를 뜬다.

7

두 번째 코의 C색은 위쪽에서 가져오고 3~5번째 코의 B색은 아래쪽에서 가져와 뜬다.

FAIR ISLE SQUARE HAT

같은 요령으로 B색과 C색으로 14단까지 뜬다. C색은 더 필요 없으므로 실을 15cm 정도 남기고 자른다.

15단은 첫 번째 코를 뜰 때 8 에서 자른 C색의 실끝을 B색 사이에 끼워 넣어 둔다.

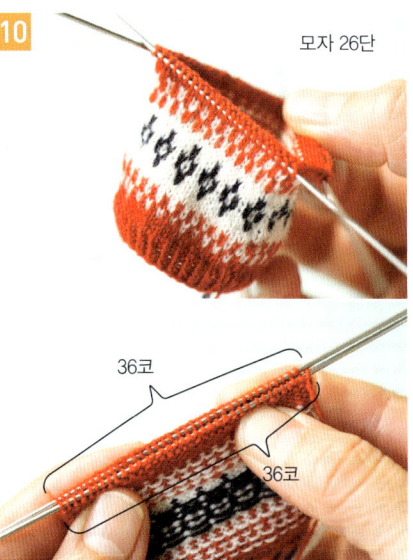

같은 요령으로 26단까지 뜬 후 대바늘 2개에 36코씩 나누고 안쪽이 밖으로 나오게 반으로 접어서 빼뜨기로 이어 붙인다.
➡ 〈A 후드 달린 스누드 11 ~ 14〉 P.34 참조

11

실을 15cm 정도 남기고 자른 후 코에서 빼고 각각의 실끝을 처리한다.

12

품품을 달기 전, 필요한 경우에는 세탁과 다림질을 해서 모양을 정돈한다.
➡ 【마무리】 P.25

| 품품 | pompom |

13

품품 2개를 만든다.
➡ 〈B 헬멧 17 ~ 19〉 P.40 참조

모자 양쪽 모서리에 품품을 달아주면 완성!

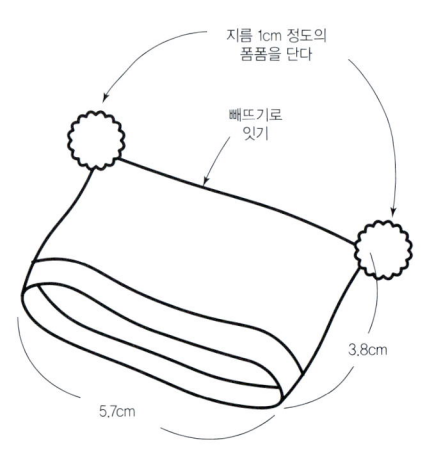

FAIR ISLE SQUARE HAT

J 페어아일무늬 스퀘어 모자
털실 22 19 23

A 후드 달린 스누드
털실 7

G 벌집무늬 스웨터
털실 7

M 데님 팬츠

N 스니커즈

1/12~1/6 크기의 머리가 작은 인형이 쓸 수 있는 치수로 만들었습니다.
소장하는 인형에 맞춰서 콧수와 단수를 바꿔 가며 즐겨 보세요.

FAIR ISLE JACKET

K 페어아일무늬 재킷

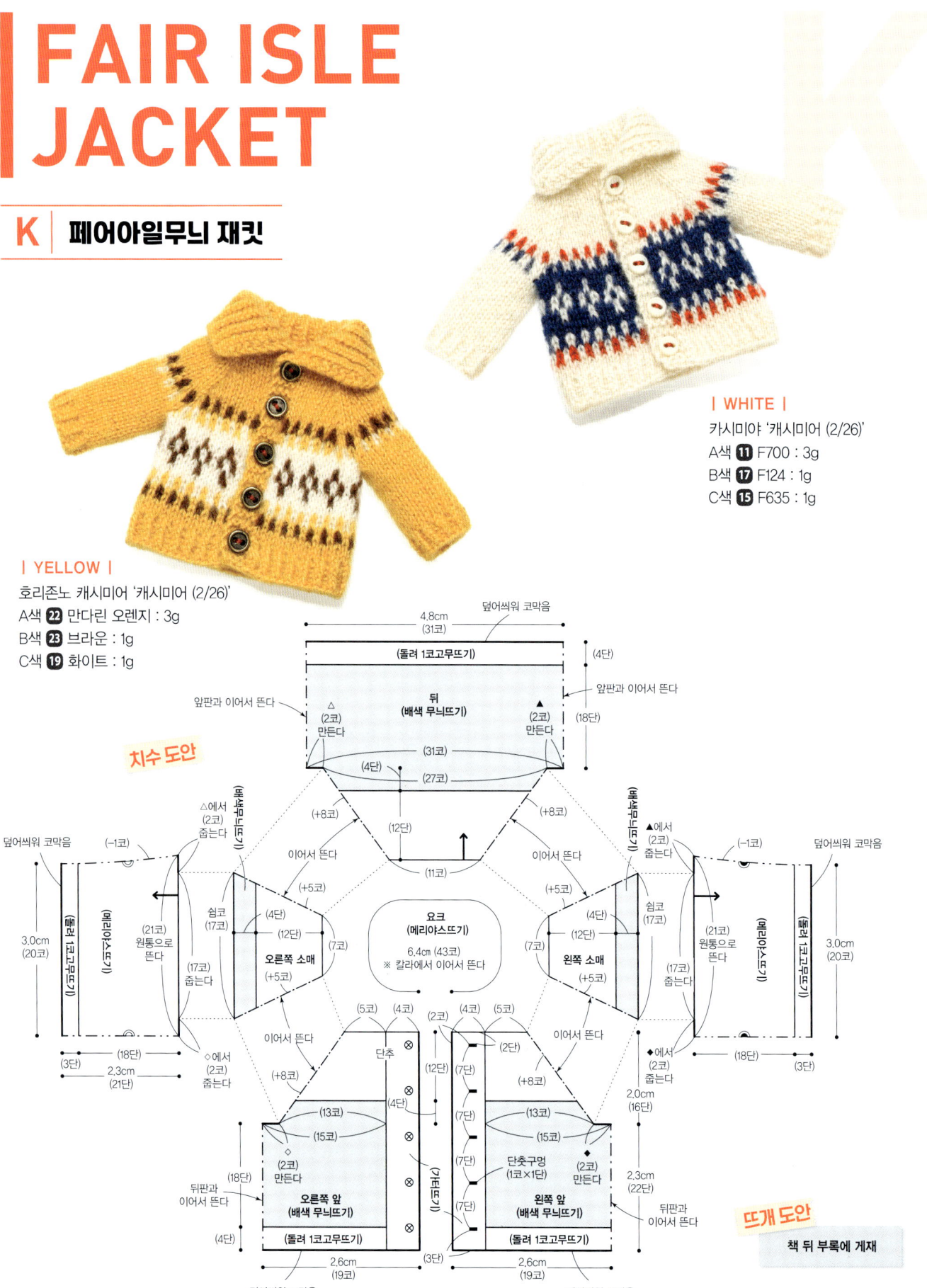

| WHITE |
카시미야 '캐시미어 (2/26)'
A색 ⑪ F700 : 3g
B색 ⑰ F124 : 1g
C색 ⑮ F635 : 1g

| YELLOW |
호리존노 캐시미어 '캐시미어 (2/26)'
A색 ㉒ 만다린 오렌지 : 3g
B색 ㉓ 브라운 : 1g
C색 ⑲ 화이트 : 1g

뜨개 도안
책 뒤 부록에 게재

FAIR ISLE JACKET

| 칼라 | collar |

1

A색을 사용해 시작코 43코를 만들고, 양끝 2코 가터뜨기인 돌려 1코 고무뜨기로 16단을 뜬다.

| 요크 | yoke |

2

여기부터는 칼라의 안쪽을 보고 몸판의 겉쪽을 뜬다. [칼라의 안쪽=몸판의 겉쪽]
코늘림하면서 단춧구멍을 만들고 양끝 4코 가터뜨기인 메리야스뜨기로 12단을 뜬다.
➡ 【코늘림】 P.20

3

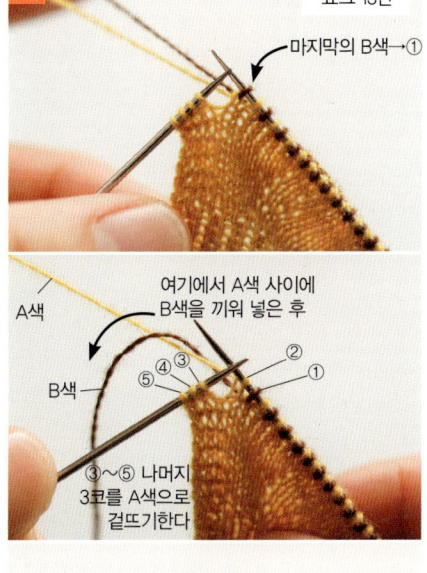

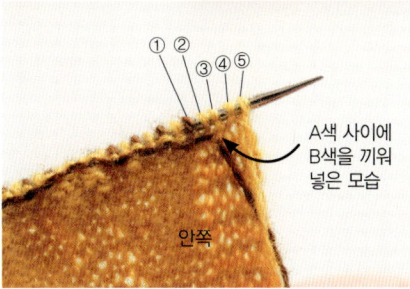

13단부터는 B, C색으로 배색무늬를 넣어 가며 16단까지 뜬다.
➡ 〈 J 페어아일무늬 스퀘어 모자 3 ~ 4 〉 P.73 참조

13단에서 14단에 되접을 때 13단 마지막의 B색 ①의 뒤에 A색으로 다음 1코 ②를 겉뜨기한 후, A색 사이에 B색을 끼워 넣고 A색으로 나머지 3코 ③~⑤를 겉뜨기한다.

4

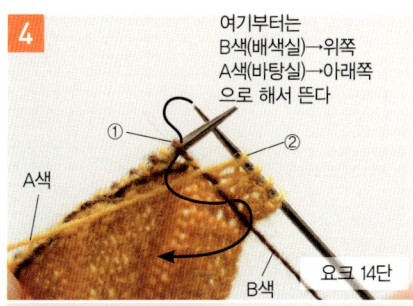

몸판의 13단도 이 방법으로 되접는다.
※ 되접어 뜨는 방법 중 하나. 여기에서, 그리고 몸판의 13단에서 14단에 되접을 때만 사용한다.

Point

여기서는 색을 바꾸는 코의 옆이 가터뜨기이기 때문에 다음 페이지 **5**의 방법으로 뜨면 겉쪽에 배색실이 세로로 들어가서 눈에 띈다.

치수 도안

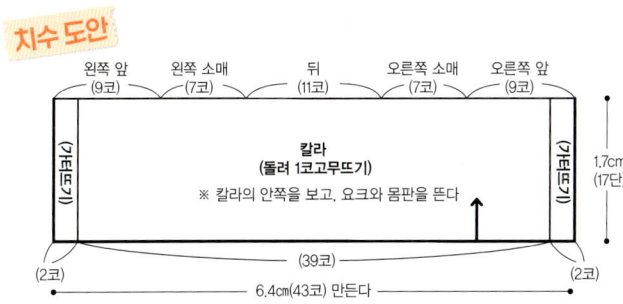

FAIR ISLE JACKET

5

요크 15단
이 단은 그대로 이어서 뜬다

4코를 겉뜨기한 후
안쪽
요크 16단

A색 사이에 C색을 끼워 넣고 ②를 안뜨기한다
A색
C색

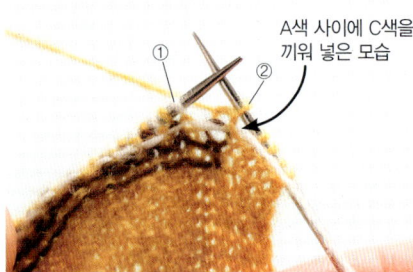

A색 사이에 C색을 끼워 넣은 모습

C색
A색
계속해서 C색(배색실)→위쪽 A색(바탕실)→아래쪽 으로 해서 뜬다

15단에서 16단에 되접을 때, 이번에는 15단을 그대로 뜨고 되접어서 16단째에 처음 C색 ①의 한 코 앞쪽의 코 ②를 뜰 때 A색 사이에 C색을 끼워 넣는다.
※ 되접어 뜨는 방법은 일반적으로 이 방법을 사용한다.

| 몸판 | bodice |

6

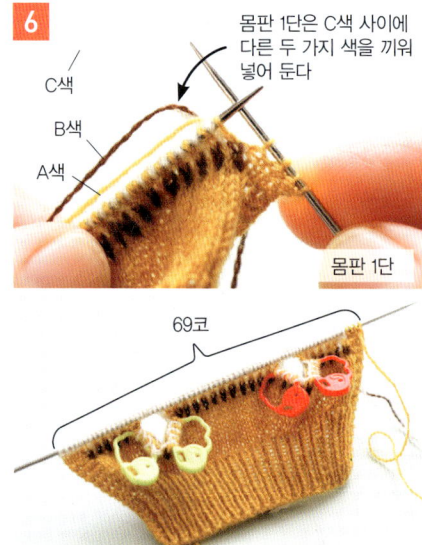

C색
B색
A색
몸판 1단은 C색 사이에 다른 두 가지 색을 끼워 넣어 둔다
몸판 1단
69코

몸판 1단은 왼쪽 소매 17코, 오른쪽 소매 17코를 마커에서 쉬게 하고, 감아코로 겨드랑이의 거짓 용에 각각 4코를 늘린다. 이렇게 해서 몸판은 69 코가 된다.

➡〈 E 기본 스웨터 4 ~ 7 〉 P.51 참조

7

A색
B색
C색
8단에서는 B색도 C색과 함께 A색 사이에 끼워 넣어 둔다

이후 B, C색으로 배색무늬를 넣어 가며 18단을 뜨고 밑단을 돌려 1코 고무뜨기로 4단을 뜬 후 덮어씌워 코막음하고 각각의 실끝을 처리한다.

➡【돌려 1코 고무뜨기의 덮어씌워 코막음】P.53

Point
2~10단의 왼쪽 앞판 가터뜨기와의 경계선은 〈 B 헬멧 2 ~ 3 〉 P.37처럼 A색과 B색을 교차해 놓는다.

| 소매 | sleeves |

8

오른쪽 소매부터 뜬다. 쉬게 해 놓은 17코를 대바늘에 되돌리고 거짓의 감아코에서도 처음에 2코, 마지막에 2코를 주워 21코로 만든다.

➡〈 E 기본 스웨터 17 ~ 24 〉 P.54 참조

9

4단에는 1코를 줄여서 20코로 만들고 18단까지 뜬다.

➡【코줄임】P.21

10

소맷단을 돌려 1코 고무뜨기로 3단을 뜬 후 덮어 씌워 코막음하고 각각의 실끝을 처리한다. 같은 요령으로 왼쪽 소매도 뜬다.

➡【돌려 1코 고무뜨기의 덮어씌워 코막음】P.53
➡【원통뜨기의 덮어씌워 코막음】P.25

11

단추를 달기 전, 필요하다면 세탁과 다림질을 해서 마무리한다.

➡【마무리】P.25

| 단추 달기 | on buttons |

12

단추 위치에 단추를 달면 완성!

FAIR ISLE JACKET

B 폼폼 달린 헬멧
털실 1 4

K 페어아일무늬 재킷
털실 11 17 15

M 데님 팬츠

N 스니커즈

3가지 색을 조합해서 다양한 분위기로 완성되는 페어아일무늬 재킷입니다.
오픈해서 반팔 스웨터나 점프슈트와 레이어드해도 멋지답니다.

HOODED CABLE CARDIGAN

L | 케이블무늬 카디건

| YELLOW |

AVRIL '퓨어램 (2/24)'
- 8 머스터드 : 6g
- 7 L. 베이지 : 1g

| RED |

카시미야 '캐시미어 (2/26)'
- 17 F124 : 6g

AVRIL '퓨어램 (2/24)'
- 7 L. 베이지 : 1g

| LIGHT BLUE |

카시미야 '캐시미어 (2/26)'
- 14 F137 : 6g

호리존노캐시미어 '캐시미어 (2/26)'
- 20 핑크 모쿠모쿠 : 1g

※ 인형의 머리가 푹 덮이도록 후드 본체의 단수를 34단→50단으로 늘려서 응용했다. 후드 테두리는 87코를 줍는다.

HOODED CABLE CARDIGAN

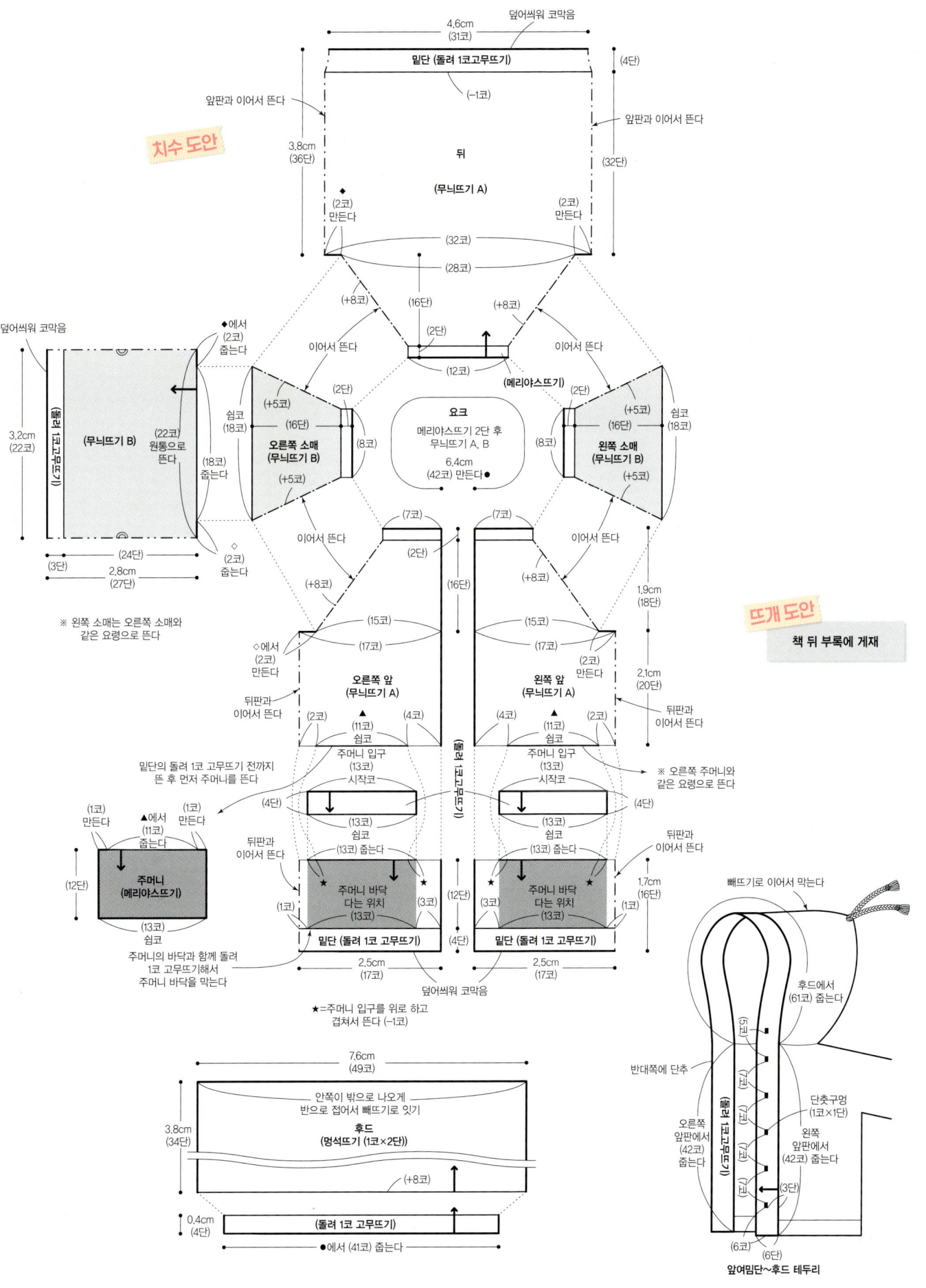

HOODED CABLE CARDIGAN

| 주머니 입구 준비 | preparing pockets |

1

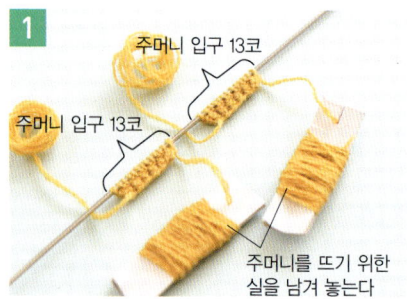

주머니 입구 13코
주머니 입구 13코
주머니를 뜨기 위한 실을 남겨 놓는다

먼저 주머니 입구를 준비한다. 시작코 13코를 만들고, 양끝 1코 메리야스뜨기인 돌려 1코 고무뜨기로 3단을 뜬다.
나중에 주머니를 뜨기 위해 실끝은 120㎝ 정도 남긴 후 자른다. 처음의 실끝도 주머니 입구에서 주머니까지 감치는 데 이용하기 위해 조금 길게 남겨 놓는다. 이것을 2개 만들어서 다른 대바늘에서 쉬게 한다.

| 요크 | yoke |

2

시작코 42코를 만들고 코늘림해 가며 무늬뜨기 A, B를 뜬다.
➡ [소매의 케이블무늬(오른코 위 2코 교차뜨기)], [뒤판의 오른코 위 1코 교차뜨기 및 왼코 위 1코 교차뜨기]는
➡ 〈 [G] 벌집무늬 스웨터 3 ~ 8 〉 P.63 참조

3

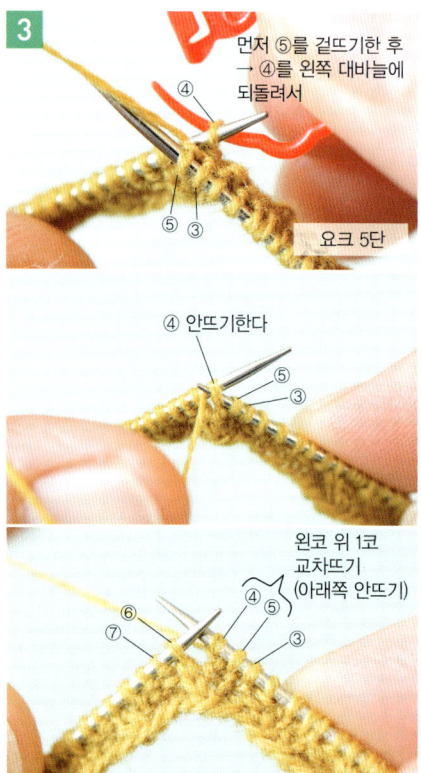

먼저 ⑤를 겉뜨기한 후 → ④를 왼쪽 대바늘에 되돌려서
요크 5단
④ 안뜨기한다
왼코 위 1코 교차뜨기 (아래쪽 안뜨기)

요크 5단은 뒤판의 3코를 뜬 후 왼쪽 위 1코 교차뜨기의 요령으로 뒤쪽에서 쉬게 한 1코 ④를 왼쪽 대바늘에 되돌리고 안뜨기한다.【왼코 위 1코 교차뜨기 (아래쪽 안뜨기)】➡【교차뜨기】P.23

4

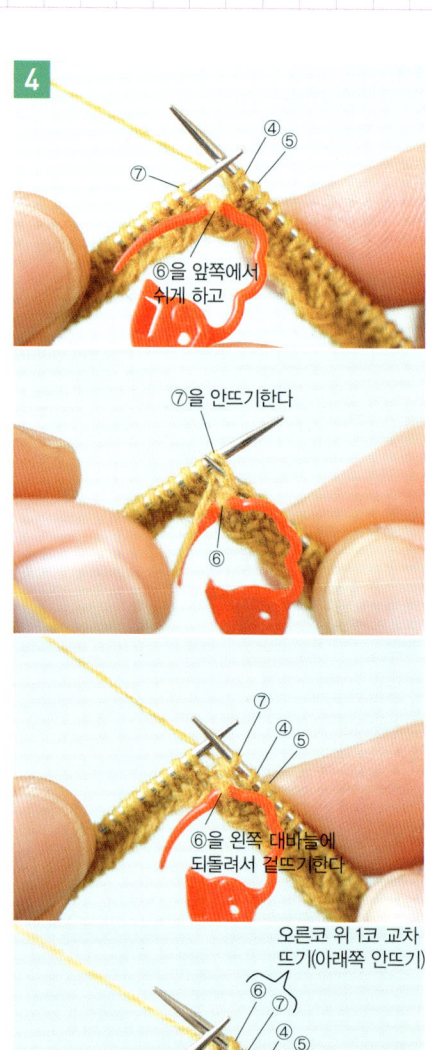

⑥을 앞쪽에서 쉬게 하고
⑦을 안뜨기한다
⑥을 왼쪽 대바늘에 되돌려서 겉뜨기한다
오른코 위 1코 교차뜨기 (아래쪽 안뜨기)

계속해서 이번에는 오른코 위 1코 교차뜨기의 요령으로 앞쪽에서 쉬게 한 1코 ⑥의 다음 1코 ⑦은 안뜨기한다.【오른코 위 1코 교차뜨기 (아래쪽 안뜨기)】

5

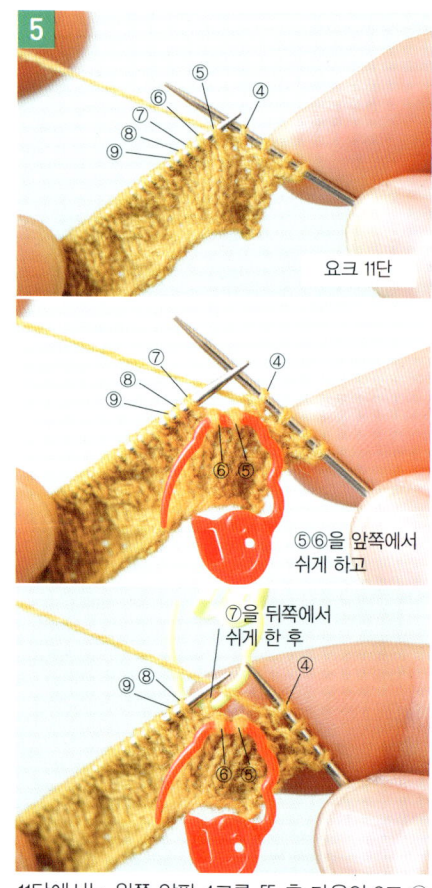

요크 11단
⑤⑥을 앞쪽에서 쉬게 하고
⑦을 뒤쪽에서 쉬게 한 후

11단에서는 왼쪽 앞판 4코를 뜬 후 다음의 2코 ⑤ ⑥은 앞쪽, 그다음의 1코 ⑦은 뒤쪽에서 각각 마커에 옮겨 쉬게 하고

82

HOODED CABLE CARDIGAN

6

그다음의 2코 ⑧⑨를 먼저 겉뜨기하고 나서

7

뒤쪽에서 쉬게 한 1코 ⑦을 왼쪽 대바늘에 되돌려서 안뜨기하고

8

마지막으로 앞쪽에서 쉬게 한 2코 ⑤⑥을 왼쪽 대바늘에 되돌려서 겉뜨기한다. 【오른코 위 건너뛰어 2코 교차뜨기 (사이에 안뜨기 1코)】

【오른코 위 건너뛰어 2코 교차뜨기 (사이에 안뜨기 1코)】

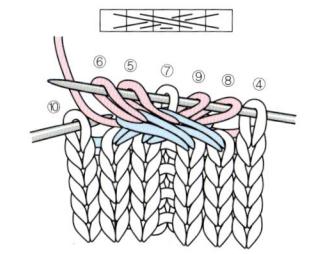

오른코 2코를 마커로 앞쪽에서 쉬게 하고 왼코 2코를 먼저 겉뜨기해서 한가운데는 안뜨기, 오른코 2코는 마커에서 되돌려서 겉뜨기한다.

몸판 | bodice

9
몸판 1단은 왼쪽 소매 18코와 오른쪽 소매 18코를 마커에서 쉬게 하고, 감아코로 겨드랑이의 거짓용에 각각 4코를 코늘림한다. 이렇게 해서 몸판은 66코가 된다.

➡ 〈E 기본 스웨터 4 ~ 7〉 P.51 참조

주머니 | pockets

10
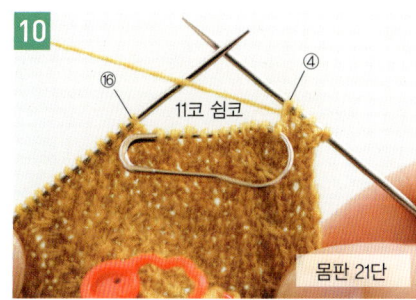

21단에서는 주머니 입구를 단다. 왼쪽 앞판의 3코를 뜬 후 다음 코 ④는 뜨지 않고 오른쪽 대바늘로 옮긴다. 그다음 11코는 뒤쪽에서 쉬게 하고 대신 준비해 놓은 주머니 입구의 13코를 왼쪽 대바늘에 옮긴다.

11

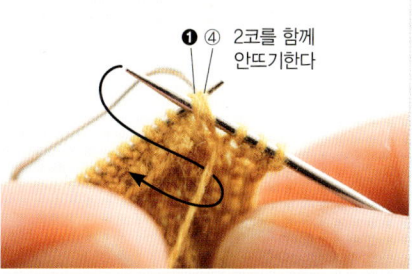

10에서 오른쪽 대바늘에 옮긴 1코 ④와 주머니 입구의 첫 번째 코 ❶을 함께 안뜨기한다.

HOODED CABLE CARDIGAN

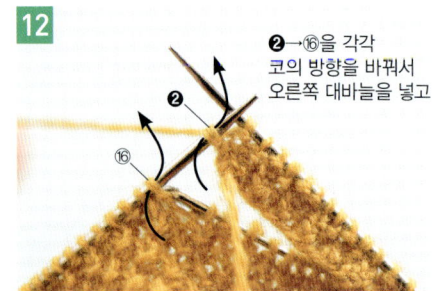

계속해서 주머니 입구의 11코를 뜨고 도안대로(21단의 5~15번째 코까지) 뜬 후, 주머니 입구의 13번째 코 ❷와 쉬게 한 코의 다음 코 ⑯을 함께 겉뜨기한다. 왼쪽 주머니 입구가 달렸다.

같은 요령으로 오른쪽 주머니 입구도 달아서(주머니 입구가 위쪽이 되도록) 32단까지 뜬다.

여기에서 밑단보다 먼저 주머니 부분을 뜨기 때문에 1 에서 남겨 놓은 실을 주머니 입구에서 안쪽으로 빼낸다.

왼쪽 주머니부터 뜬다. 10 에서 쉬게 해 둔 11코를 대바늘에 되돌린 후 14 에서 안쪽으로 빼낸 실을 사용하여 양끝을 1코씩 감아코로 늘려서 총 13코를 줍는다.
2단의 첫 번째 코 ⑬은 사진처럼 안쪽의 실에 대바늘을 넣어서 안뜨기한다.

메리야스뜨기로 12단을 뜬 후 일단 대바늘에서 쉬게 둔다.

같은 요령으로 오른쪽 주머니 부분도 뜨고 대바늘에서 쉬게 둔다.

여기에서 밑단을 뜨며 주머니의 바닥과 합체시킨다. 몸판 밑단의 돌려 1코 고무뜨기를 세 번째 코까지 뜬 후 왼쪽 주머니의 바닥을 겹쳐서

HOODED CABLE CARDIGAN

19

④가 돌려뜨기가 되도록 ④①에 오른쪽 대바늘을 넣어서

④ 2코를 함께 겉뜨기한다

❷를 안쪽의 왼쪽 대바늘에서 벗겨내고

❷ 앞쪽의 왼쪽 대바늘로 옮기는 김에 그대로 ⑤에도 오른쪽 대바늘을 넣어서

2코를 함께 안뜨기한다

밑단과 주머니의 13코를 1코씩 합쳐서 2코를 함께 돌려 1코 고무뜨기한다.

20

뜨는 중에 1코를 코줄임하고, 같은 요령으로 오른쪽 주머니 바닥과 밑단을 함께 뜬다.

21

계속해서 밑단 4단을 뜬 후 덮어씌워 코막음하고 마지막 코는 빼뜨기하지 않고 일단 마커에서 쉬게 하며 실을 30㎝ 정도 남기고 자른다.

➡【돌려 1코 고무뜨기의 덮어씌워 코막음】 P.53

22

실을 겉쪽으로 빼낸다

1단을 건너뛰는 정도로 감친다

주머니 입구의 모서리를 2바퀴 정도 감친다

안쪽에서 실끝을 처리한다

모서리는 같은 단의 위치에 감친다

주머니 부분도 감쳐서 실끝을 처리한다

주머니 부분과 주머니 입구의 실끝을 이용해 각각의 양끝을 몸판에 감친다.

HOODED CABLE CARDIGAN

| 소매 | sleeves |

23
떠 올린 실
떠 올린 실의 안쪽에서 오른쪽 대바늘을 넣고
소매 1단

떠 올린 실과 ⑳을 함께 안뜨기한다.
떠 올린 실

아래쪽의 떠 올린 실은 꼬여 있다

오른쪽 소매부터 뜬다. 쉬게 해 둔 18코를 대바늘에 되돌리고 거싯의 감아코에서도 처음에 2코, 마지막에 2코를 주워서 22코로 만든다.
➡ [E] 기본 스웨터 17 ~ 24 P.54 참조
20번째 코는 떠 올린 실과 20번째 코를 왼쪽 대바늘로 옮긴 후, 떠 올린 실의 안쪽에 오른쪽 대바늘을 넣어서 2코를 함께 안뜨기한다.

Point
여기에서 떠 올린 실은 꼬아서(왼쪽 꼬기) 뜨게 되어 있다.

24
교차뜨기해 가며 무늬뜨기 B로 24단을 뜨고 소맷단을 돌려 1코 고무뜨기로 3단을 뜬 후, 덮어씌워서 코막음해서 실끝을 처리한다. 같은 요령으로 왼쪽 소매도 뜬다.
➡ 【돌려 1코 고무뜨기의 덮어씌워 코막음】 P.53
➡ 【원통뜨기의 덮어씌워 코막음】 P.25

| 후드 | hood |

25
후드 1단

코바늘을 넣어서 코를 줍는 모습

실끝이 짧아지면 중간에서 연결한다

41코 코줍기

다음으로 후드를 뜬다. **2**의 시작코에서, 시작코를 만들었을 때의 실끝을 이용해 41코를 줍는다(실끝이 짧아지면 중간에서 연결한다).

26
양끝 1코 겉뜨기인 돌려 1코 고무뜨기로 3단을 뜬 후 코늘림해서 49코로 만들고, 양끝 1코 겉뜨기인 멍석뜨기로 33단을 뜬다.

27
34단은 대바늘 2개에 24코, 25코로 나눠서 뜨고 안쪽이 밖으로 나오게 반으로 접어서 빼뜨기로 이어 붙인다. 실끝을 처리한다.

| 앞여밈단 ~ 후드 테두리 | placket |

28
앞여밈단 1단

마지막으로 앞여밈단~후드 테두리를 뜬다. **21**에서 쉬게 한 1코를 대바늘에 되돌려서 뜨개 끝부분의 실끝을 이용해 코를 줍는다(실끝이 짧아지면 중간에서 연결한다).

29
4코 줍는다 1코 건너뛴다
4코 줍는다 1코 건너뛴다
4코 줍는다

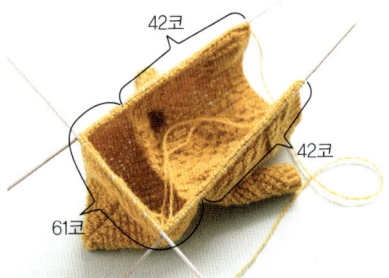

42코
42코
61코

4코를 줍고 1코를 건너뛰는 정도의 간격으로 오른쪽 앞에서 42코, 후드에서 61코, 왼쪽 앞에서 42코=총 145코(홀수이면 콧수를 조금 증감해도 괜찮다)를 대바늘 2~3개로 나눠서 줍고 돌려 1코 고무뜨기한다.

HOODED CABLE CARDIGAN

30 앞여밈단 4단

⑦의 방향을 바꿔서 왼쪽 대바늘에 되돌린다

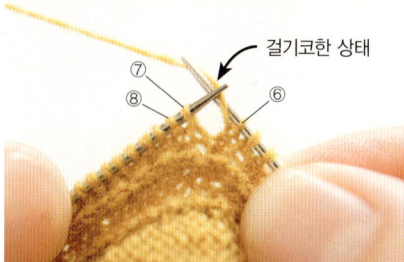

걸기코한 상태

4단에서는 단춧구멍을 만든다. 먼저 6코를 뜨고 나면 일단 다음 코 ⑦의 방향을 바꾼 후 걸기코 하고

31

⑧이 돌려뜨기가 되도록 ⑧⑦에 오른쪽 대바늘을 넣어서 안뜨기한다

걸기코

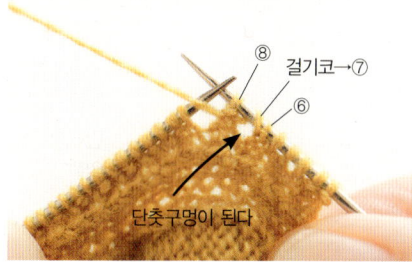

걸기코→⑦

단춧구멍이 된다

2코 앞의 코 ⑧의 안쪽에서 ⑧⑦에 오른쪽 대바늘을 넣고 2코를 함께 안뜨기한다. 【돌려뜨기의 오른코 겹쳐 2코 모아뜨기 (안뜨기)】
※ 뜨개 도안은【돌려뜨기의 오른코 겹쳐 2코 모아뜨기】인데 짝수 단 때문에 실제로 뜨는 것은【돌려뜨기의 오른코 겹쳐 2코 모아뜨기 (안뜨기)】가 된다.

32

같은 요령으로 단춧구멍을 만들며 6단까지 뜨고 덮어씌워 코막음해서 실끝을 처리한다.

33

단추를 달기 전, 필요하다면 세탁과 다림질을 해서 모양을 정돈한다.
➡【마무리】P.25

| 단추 달기 | on buttons |

34

단추 위치에 단추를 단다.

| 더듬이 | antennae |

35

20㎝ 정도의 실을 [3줄×2묶음=6줄] 준비한다. 후드 모서리에 코바늘을 넣고 6줄의 묶음을 걸어서 통과시키고 한쪽의 실끝만 빼낸다.

36

같은 실끝끼리 2줄씩×3묶음으로 땋고 적당한 길이가 되는 부분에서 묶어준다.

37

같은 요령으로 다른 1묶음도 땋아서 묶은 후 2개 모두 남은 실을 잘라 낸다.

38

다림질해서 모양을 정돈하면 완성!

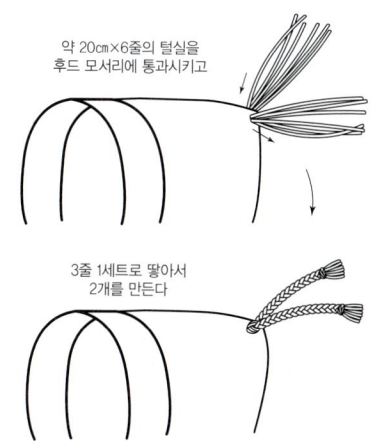

약 20㎝×6줄의 털실을 후드 모서리에 통과시키고

3줄 1세트로 땋아서 2개를 만든다

DENIM PANTS

DENIM PANTS

M | 데님 팬츠

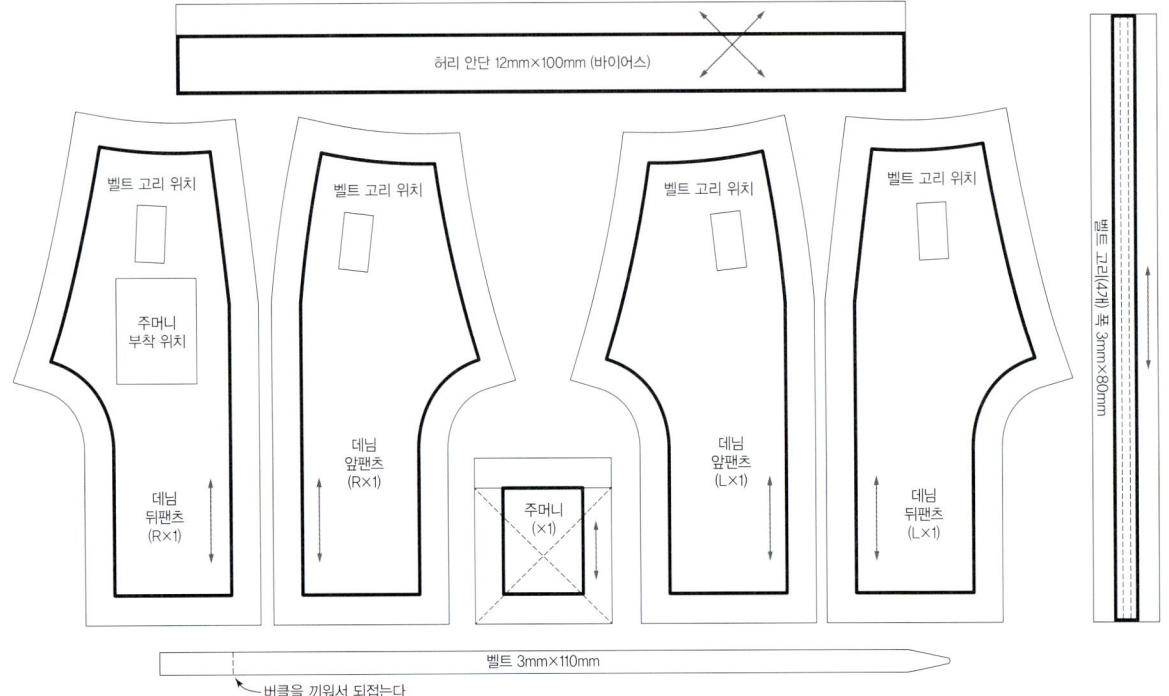

| 데님 팬츠 |
- 얇은 데님(인디고) : 가로 20cm×세로 10cm
- 면 스트라이프(빨간색×흰색) : 가로 10cm×세로 10cm
- 60번 재봉실(스티치용 210번, 바느질용 79번)

| 벨트 |
- 약 0.6mm 두께의 가죽(카멜) : 0.3cm×11cm
- 안지름 약 3~4mm의 버클(앤티크) : 1개

패턴

허리 안단 12mm×100mm (바이어스)

벨트 고리 위치
주머니 부착 위치
데님 뒤팬츠 (R×1)

벨트 고리 위치
데님 앞팬츠 (R×1)

주머니 (×1)

벨트 고리 위치
데님 앞팬츠 (L×1)

벨트 고리 위치
데님 뒤팬츠 (L×1)

벨트 고리(4개) 폭 3mm×80mm

벨트 3mm×110mm
← 버클을 끼워서 되접는다

100% 실물 크기 패턴

DENIM PANTS

패턴에 맞춰서 부분별로 재단하고 천 가장자리에 올 풀림 방지액을 발라 말려 놓는다.
주머니의 입구와 벨트 고리의 시접을 안쪽으로 접어서 스티치를 넣어 놓는다.

2 주머니의 양옆과 밑단 시접을 접는다.

3 벨트 고리와 주머니 부착 위치에 실로 표시한다.

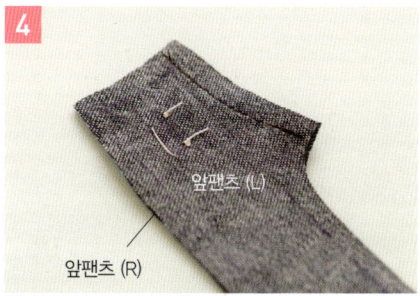

4 앞팬츠 좌우의 밑위를 겉끼리 마주 대어, 재봉한다.

5 펼쳐서 시접을 왼쪽 팬츠 쪽으로 꺾고 겉에서 스티치를 넣는다.

6 앞팬츠와 뒤팬츠의 옆선을 겉끼리 마주대어 재봉해 붙인다.

7 펼쳐서 시접을 뒤팬츠 쪽으로 꺾고 겉에서 스티치를 넣는다.

DENIM PANTS

8 밑단 시접을 안쪽으로 접어서 스티치를 넣는다.

11 표시한 위치에 주머니를 올려서 재봉해 단다.

14 뒤팬츠의 밑위를 겉끼리 마주 대어 재봉한다.

9 벨트 고리 (안쪽)
표시한 위치에 벨트 고리를 겉끼리 마주 닿게 올려놓고 위쪽을 재봉한다.

12 허리 안단 (안쪽)
팬츠와 허리 벨트를 겉끼리 마주 대어 재봉해 단다.

15 중심을 맞춰서 밑위를 겉끼리 마주 대어 재봉한 후, 시접의 곡선 부분에 가위집을 넣는다. 겉으로 뒤집으면 데님 팬츠 완성.

10 벨트 고리 (겉쪽)
벨트 고리를 꺾어 접고, 아래쪽 시접도 접어서 스티치를 넣는다.

13 허리 안단 (겉쪽)

허리 안단을 안쪽으로 접어넣고 스티치를 넣는다.

DENIM PANTS

밑위가 긴 사루엘 팬츠풍 실루엣이 매력적인 데님 팬츠입니다.
인형에게 입혀서 주름을 잡은 후 겉면을 종이 사포로 문지르면 데님의 데미지 효과도 연출할 수 있습니다.

SNEAKERS

N | 스니커즈

| 스니커즈 |

- ☐ 약 0.6mm 두께의 가죽 (빨간색) : 가로 5cm×세로 5cm
- ☐ 약 0.5mm 두께의 가죽 (오프화이트) : 가로 10cm×세로 5cm
- ☐ 약 1mm 두께의 가죽 (오프화이트) : 가로 3cm×세로 3cm
- ☐ 50번수 재봉실 (스티치용 103번)
- ☐ 0.3mm 왁스 헴프사 (가죽끈용 00번)
- ☐ 패브릭용 접착제

패턴

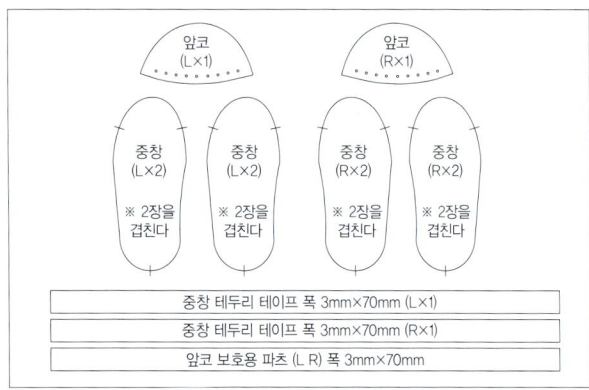

두께 0.5 mm 가죽 (오프화이트)

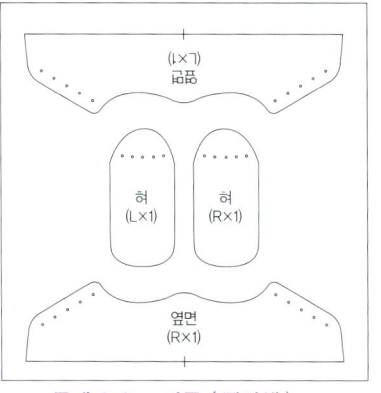

두께 0.6 mm 가죽 (빨간색)

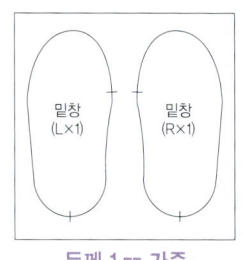

두께 1 mm 가죽

100% 실물 크기 패턴

SNEAKERS

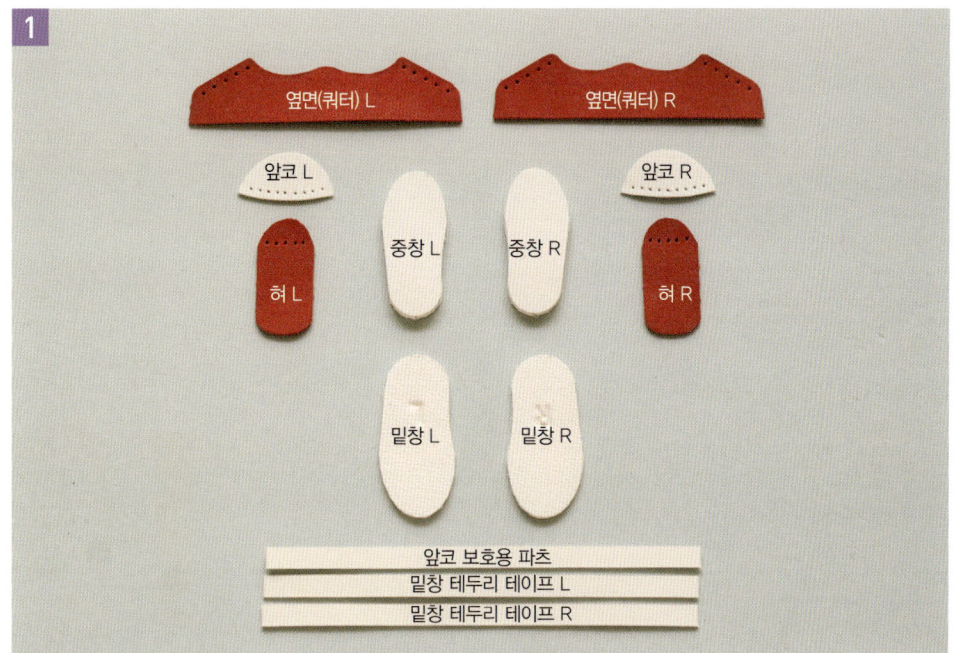

패턴에 맞춰 재단한다. 중창은 좌우 각 2장을 준비해서 겹쳐 붙여 놓는다.
옆면(쿼터)과 앞코, 혀에는 스티치용 구멍을 뚫어 놓는다.
중창에는 앞코와 발뒤꿈치 위치를 표시하고, 밑창에는 테두리 테이프 부착 위치를 표시해 놓는다.

앞코 보호용 파츠를 물에 적셔서 공예칼 등의 격자 모양 부분을 이용해 무늬를 넣은 후 말려 놓는다.

※ 칼날은 반드시 빼놓을 것!!!

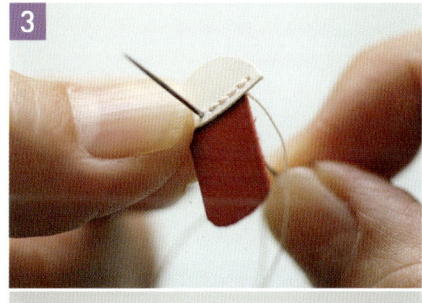
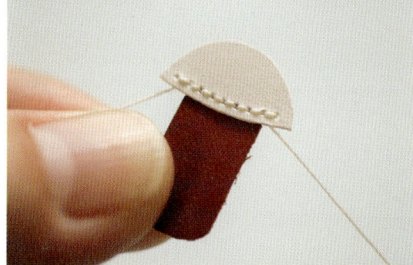

앞코의 겉쪽에 혀를 겹쳐서 스티치용 구멍의 위치에서 꿰매 붙인다.

스티치 실의 끝은 안쪽의 실에 감친 후 풀리지 않게 접착제로 고정한다.

SNEAKERS

앞코 둘레에 미세하게 가위집을 넣은 다음, 중창 앞에 접착제를 발라 붙인다.

5 에 옆면(쿼터)을 붙인다.

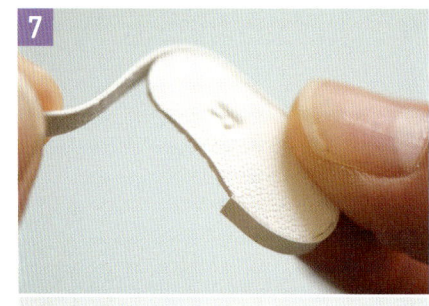

밑창 둘레에 테두리 테이프를 붙이고 남은 부분은 잘라 낸다.

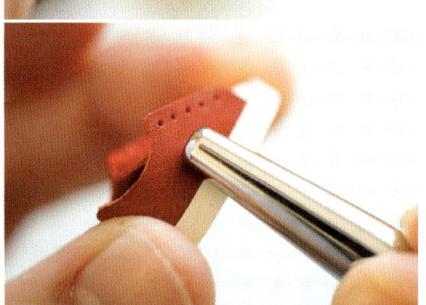

6 에서 만들어 놓은 부분이 들어가는지 확인한 후 7 에 접착제를 발라서 6 을 끼워 넣는다.

SNEAKERS

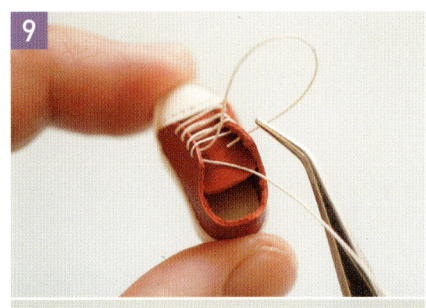

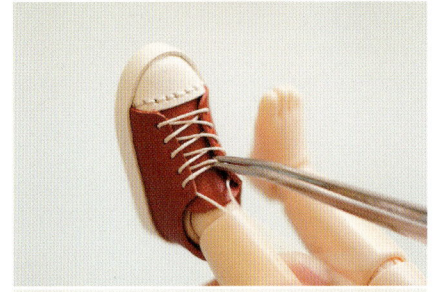

2 에서 무늬 넣은 앞코 보호용 파츠를 자신이 원하는 크기로 잘라서 앞코 부분에 붙이면 완성!

신발 끈의 끝에 접착제를 발라서 빳빳하게 만들어서, 핀셋 등을 이용해 구멍에 통과시킨다. 끈이 매어진 상태를 조절해서 끈이 빠지지 않도록 매듭을 만들어 놓는다.

취향에 따라 혀 부분에 라벨을 붙이거나 테두리 테이프 위에 검은색 실을 붙여서 라인을 만들면 훨씬 더 리얼해집니다.

MODELS

넨드로이드 돌
'아리스 Another color', '마우스 킹 노와', '장난감 병정 칼리온'

총길이 약 14cm의 피규어. 헤드까지 딱딱한 수지 재질이며, 머리카락이나 얼굴 등의 부위 교체 가능. 굿 스마일 컴퍼니(GOOD SMILE COMPANY) 발매.

츄츄돌 히나
'아리스', '빨간 망토', 'CLASSIC SAILOR'

총길이 약 14cm로 바디는 오비츠11. 아이 프린트 타입의 소프트 비닐 재질 헤드에 머리카락이 심어져 있고, 머리둘레는 육일돌과 비슷. 호비 재팬(Hobby JAPAN) 발매.

슈가컵스
'캔디 루루 ~Welcome to Sugar Cup Wonderland!~ (Dolly bird 한정 ver.)'

총길이 13cm로 피코니모P 바디 사용. 인형 안구가 삽입된 소프트 비닐 재질 헤드에 머리카락은 식모 캡 사양. 아존 인터내셔널(AZONE INTERNATIONAL) 발매.

이 책에서 사용한 실의 판매처

AVRIL 아브릴 기치조지(吉祥寺)
https://www.instagram.com/avril_kichijoji/

호리존노캐시미어
https://cashimere-horizon.stores.jp

카시미야(恵糸や)
https://itoshop-cashmere.jp

이토노킨쇼(糸のきんしょう)
https://www.eonet.ne.jp/~kinshou/

Holst Garn
https://holstgarn.dk/

촬영 : Ochibits, 다마이 히사요시(玉井久義), 가쓰라 다카노리(葛貴紀)
교열 : 무카이 마사코(向井雅子)
편집 : 스즈키 요코(鈴木洋子)
디자인 : 오기 아사코(扇麻子) uNdercurrent

초판 1쇄 | 2025년 10월 27일

지은이	Ochibits(오치비츠)	옮긴이	박재영
감수	이문옥		
펴낸이	설응도	편집주간	안은주
편집장	심재진	디자인	박성진
펴낸곳	라의눈		

출판등록 | 2014년 1월 13일(제2019-000228호)
주소 | 서울시 강남구 테헤란로78길 14-12(대치동) 동영빌딩 4층
전화 | 02-466-1283 팩스 | 02-466-1301

문의(e-mail)
편집 | editor@eyeofra.co.kr
마케팅 | marketing@eyeofra.co.kr
경영지원 | management@eyeofra.co.kr

ISBN 979-11-94835-09-7 13630

이 책의 저작권은 저자와 출판사에 있습니다.
저작권법에 따라 보호를 받는 저작물이므로 무단전재와 복제를 금합니다.
이 책 내용의 일부 또는 전부를 이용하려면
반드시 저작권자와 출판사의 서면 허락을 받아야 합니다.
잘못 만들어진 책은 구입처에서 교환해드립니다.

DOLL KNIT BOOK 1/12ドールサイズのミニチュアニットの教科書
© Ochibits
© HobbyJAPAN
All rights reserved.
Original Japanese edition published by HOBBY JAPAN CO., Ltd.
Korean edition copyright © 2025 by EyeofRa Publishing Co.,Ltd.
This Korean edition is published by arrangement
with HOBBY JAPAN CO.,Ltd., through AMO AGENCY, Korea.

이 책의 한국어판 저작권은 AMO에이전시를 통해 저작자와 독점 계약한 라의눈에 있습니다. 저작권법에 의해 한국 내에서 보호받는 저작물이므로 무단 전재와 무단 복제를 금합니다.

※ 이 책의 내용 및 도안, 패턴에 대한 권리는 저자와 출판사가 보유합니다. 도안 및 패턴을 이용해 만들어진 작품의 판매나 출품은 저작권 침해이므로 무단 사용 시 국내외를 막론하고 엄격하게 처벌됩니다.

무단 전재, 복제 금지

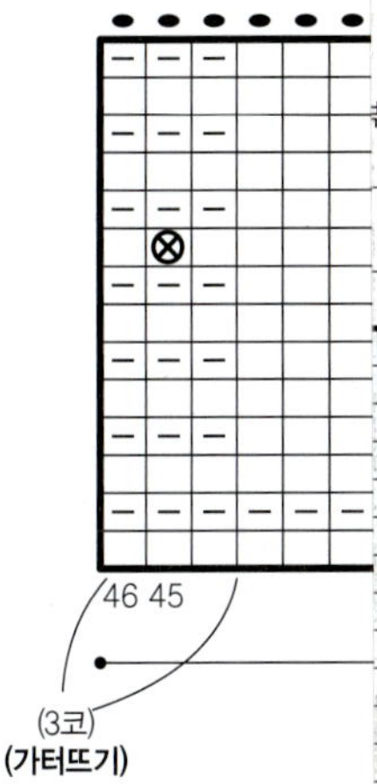

DOLL KNIT BOOK

작은 인형을 위한
손뜨개 인형옷 교과서
- 오비츠11 바디를 위한 미니어처 니트 -

― Ochibits ―

이 책의 내용 및 뜨개 도안과 패턴은 저자와 출판사가 보유합니다. 이 책의 뜨개 도안 및 패턴을 사용해 제작한 작품의 판매나 출품은 저작권 침해가 됩니다. 무단으로 사용한 것이 발각되면 국내외에 상관없이 엄격하게 처벌합니다.

무단 전재, 복제 금지

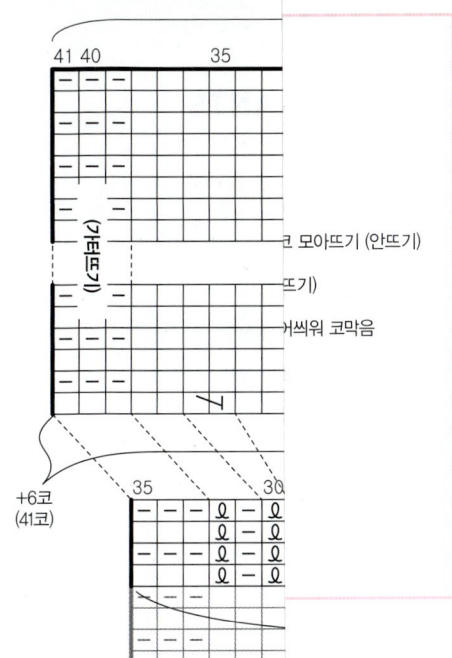

레그 워머
LEG WARMER

□ = | 겉뜨기
● 덮어씌우기
오른코 늘림
왼코 늘림
오른코 겹쳐 2코 모아뜨기
왼코 겹쳐 2코 모아뜨기
□ A색
■ B색

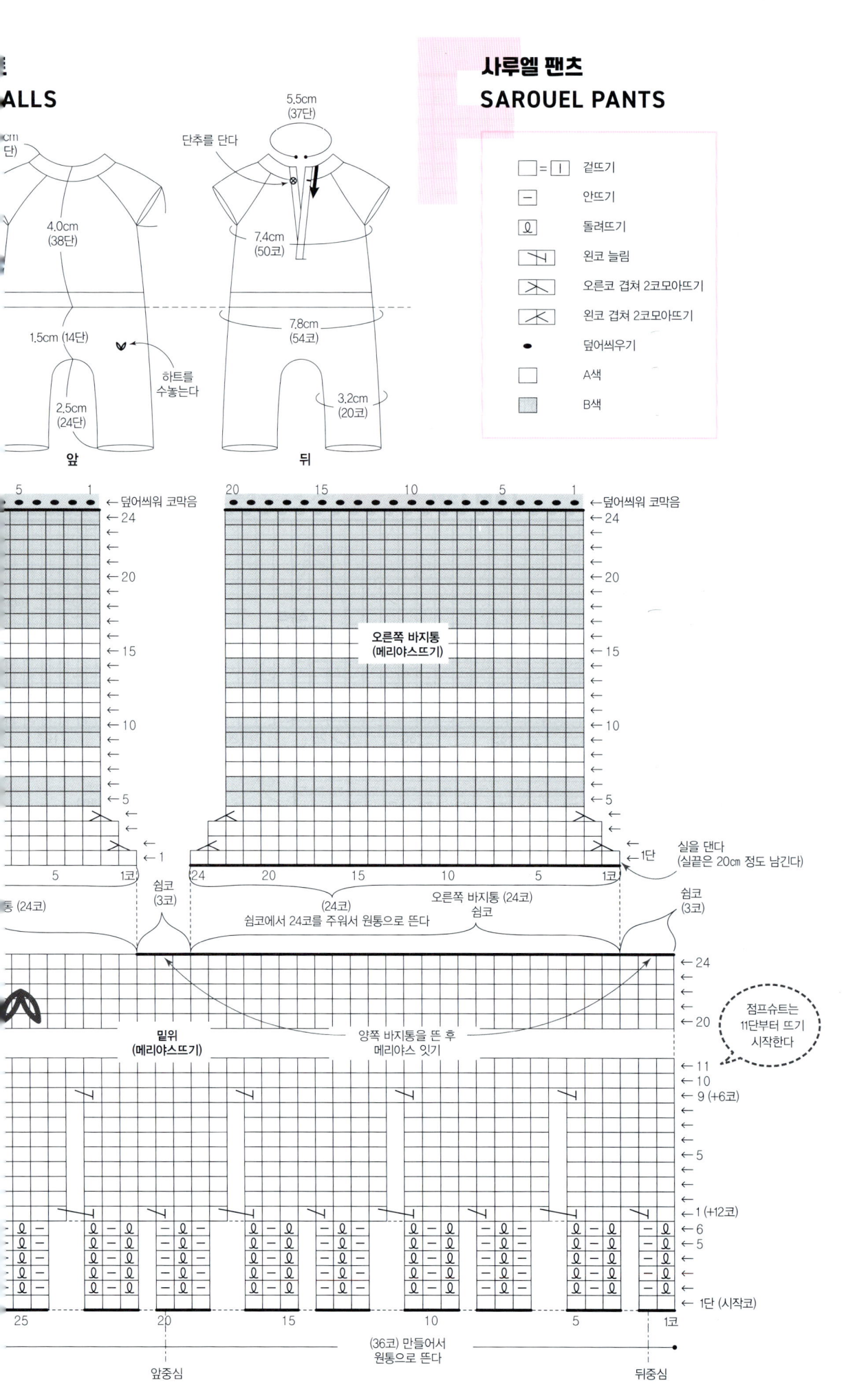

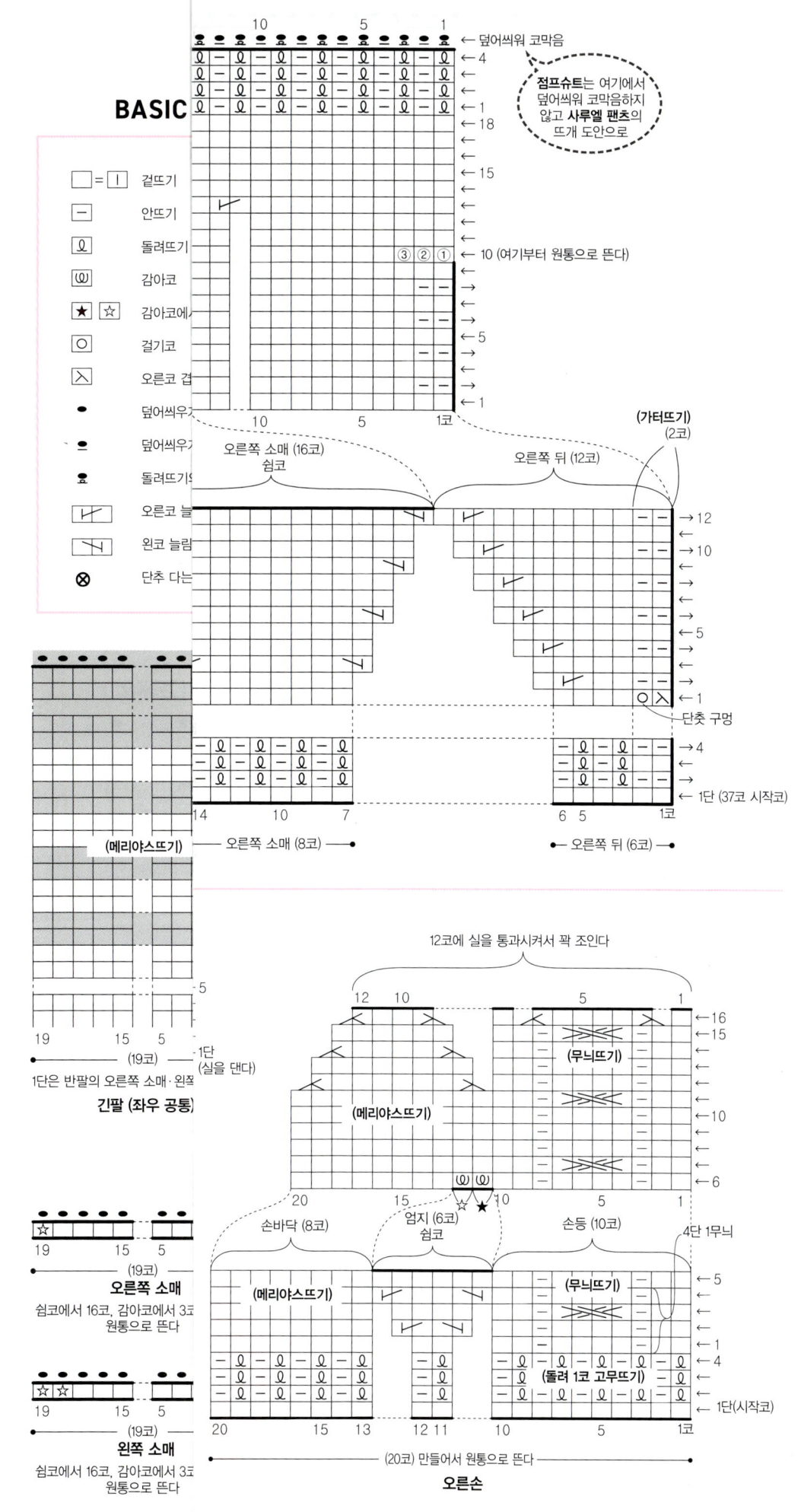

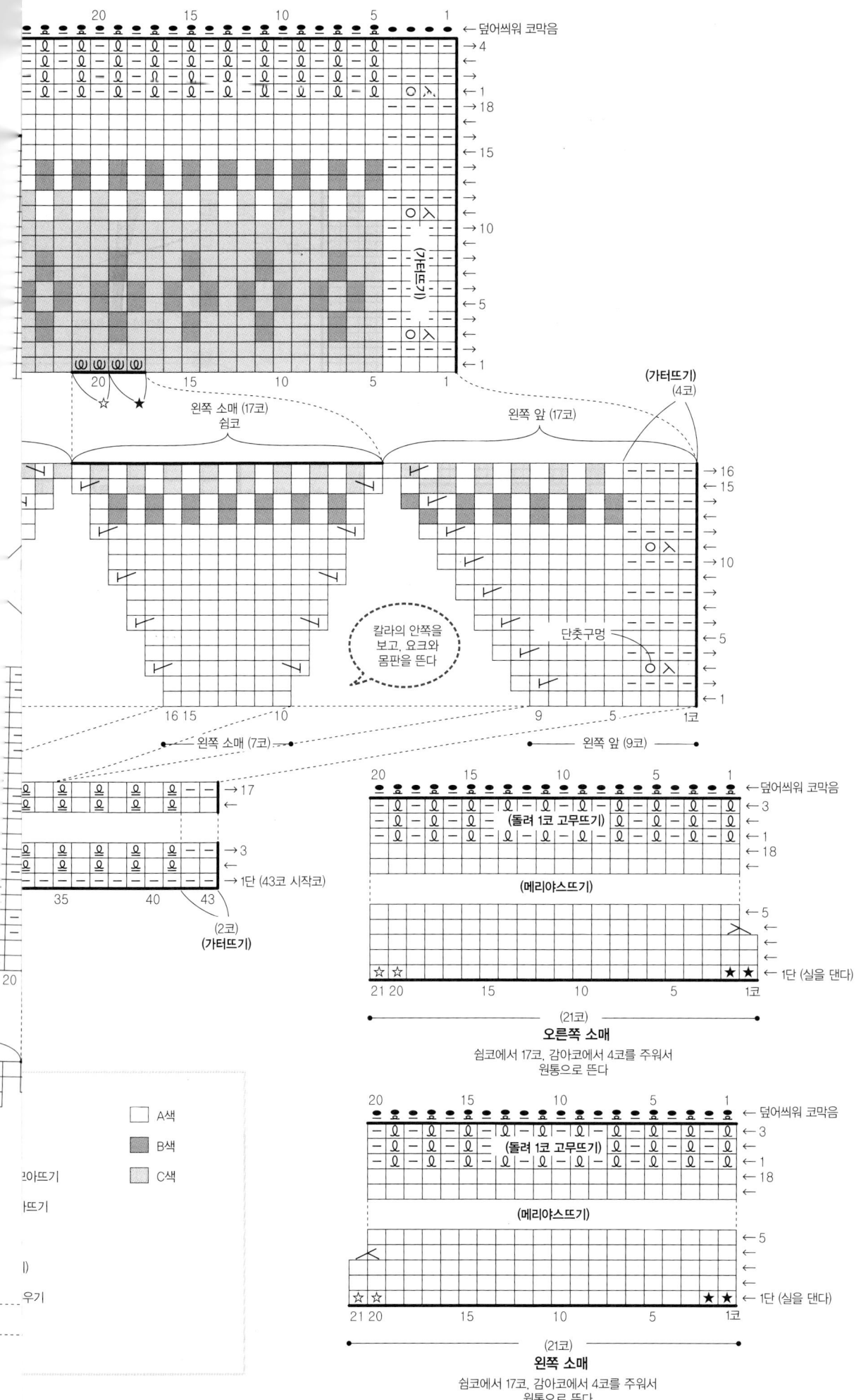